中央高校基本科研业务费资助项目

The rise of China and the capitalist world order

中国崛起与资本主义世界秩序

【丹麦】李彤 主编
林宏宇 等译

世界知识出版社

The Rise of China and the Capitalist World Order

图书在版编目(CIP)数据

中国崛起与资本主义世界秩序 / （丹）李形主编；林宏宇等译. —北京：世界知识出版社，2012.10
书名原文：The Rise of China and the Capitalist World Order
ISBN 978-7-5012-4344-0

Ⅰ.①中… Ⅱ.①李… ②林… Ⅲ.①发展战略—研究—中国
Ⅳ.①D60

中国版本图书馆CIP数据核字（2012）第225021号

图字：01-2012-6989号

责任编辑 胡孝文
文字编辑 王 菲
责任出版 刘 喆
责任校对 陈可望

书　　名 **中国崛起与资本主义世界秩序**
Zhongguo Jueqi Yu Ziben Zhuyi Shijie Zhixu
主　　编 ［丹］李 形
译　　者 林宏宇 等
出版发行 世界知识出版社
地址邮编 北京市东城区干面胡同51号（100010）
网　　址 www.wap1934.com
电　　话 010-65135637（编辑） 010-65265923（发行）
经　　销 新华书店
印　　刷 北京京科印刷有限公司
开本印张 720×1020毫米 1/16 13印张
字　　数 208千字
版次印次 2012年10月第一版 2014年2月第二次印刷
标准书号 ISBN 978-7-5012-4344-0
ISBN 978-0-7546-7913-4（hbk）
ISBN 978-0-7546-9810-4（ebk）
定　　价 38.00元

序　言

陶坚（国际关系学院院长）

与30多年前改革开放之初的中国一样，世界也给予今日快速崛起的中国极大的关注，所不同的是，当下聚焦在：一个强大了的中国对世界意味着什么，一个发展了的中国又能为世界做些什么？

在过去的30多年里，中国的综合国力得到巨大提升，已经成为全球第二大经济体、第一大外汇储备国、主要的贸易大国和消费市场，并在国际舞台上发挥着越来越重要和不可替代的影响力。在经济上，中国在全球经济中所占比重和经济增长贡献率不断上升，特别是当国际金融危机和欧洲主权债务危机发生后，中国在全球经济稳定和复苏中的作用令人瞩目。在安全上，中国与重要国际组织及大国的合作进一步密切，作为建设性的合作者和共同利益方，分担着一个负责任大国应尽的国际义务。中国与国际社会共同努力，积极应对恐怖主义、大规模杀伤性武器扩散、气候变化、粮食和能源安全、重大自然灾害等全球性挑战。中国还参加了100多个政府间国际组织，签署了300多个国际公约。“实践证明，中国已成为国际体系的积极参与者、建设者、贡献者。”①

尽管中国有了“积极参与者、建设者、贡献者”这样清晰的自我定位，但在西方一些人士的眼里，中国在国际体系中的身份和地位仍要打上大大的问号。虽然他们承认，中国已经从国际社会曾经的“斗士”和“革命者”转

① 习近平：《携手合作　共同维护世界和平与安全——在“世界和平论坛”开幕式上的致辞》，2012年7月7日人民网。

换成了现存国际体系的适应者、参与者，学习并努力适应西方主导制订的国际规则，尤其是20世纪90年代以后，随着对外开放度的提高和经济的高速增长，中国参与国际体系的广度和深度都大大提高了，但是他们更多地强调，中国作为全球化的最大获益者，却只想占便宜，做国际体系中的“免费搭车者”。相较于十多年前，现在令他们不放心的，倒不是中国又变回“破坏者”、另起炉灶去了，而是中国不会真心实意地帮助西方大国来维护现行的国际体系。这正是西方大国要求中国承担所谓“国际责任”的核心所在，也是存在对中国挥之不去的猜疑、防范的根源所在。

于是乎，当中国前所未有地积极参与国际体系之时，国际上关于中国的“威胁”、“傲慢”、“强硬”、“展示肌肉”等等的议论空前增多。除了中国的所作所为与西方大国的预期和要求“不对路”之外，外界的观察家们还有意或无意地忽视了两个重要的环节，以致无法把中国对国际体系的行为进行系统、合理的解释。

一是低估了中国向外国学习、改变自己的决心。远的不说，光是近些年来中国所提出的可持续发展、绿色经济、以人为本、和谐社会等，多是借鉴先进国家经验、结合中国国情并加以创新之举。正如毛泽东同志曾说过的那样，“我们的方针是，一切民族、一切国家的长处都要学，政治、经济、科学、技术、文化、艺术的一切真正好的东西都要学”，将来我们国家富强了，还要向人家学习，“一万年都要学习嘛！”[①] 只要中国保持住这种虚心向外国学习的态度，就少了教育、教训别国的冲动，少了自满和固步自封的可能，多了与国际体系兼容并存的条件。30多年来，我们所看到中外关系中的最大变量，就是中国改变自己，再引起别人的改变。中国改变自己以适应国际规则的力度越大，参与国际体系和改革现存世界秩序的能力就越强。因此说，观察中国自我改变的速度和方向，不失为研究中国崛起与世界体系变化的好角度。

二是低估了中国为人类作贡献的决心。中国人一直怀有为全人类作更大贡献的深深情结。早在1956年11月12日，毛泽东主席在《纪念孙中山先生》一文中就说过，“中国是一个具有九百六十万平方公里土地和六万万人口的国家，中国应当对于人类有较大的贡献。而这种贡献，在过去一个长时期内，

① 《毛泽东著作选读》下册，人民出版社，1986年版，第740、743页。

则是太少了。这使我们感到惭愧。”[①] 在自身能力可承受的范围之内，尽一个发展中大国应尽的国际义务和责任，对全人类的共同事业做出积极的、应有的贡献，已成为国内民众的共识。对此，外界不应低估。从邓小平所说的“与所有人交朋友”，到江泽民提出的“和而不同”，再到胡锦涛提倡的“和谐世界”，都体现出中国对外交往的一贯目标。习近平日前关于“一个国家要谋求自身发展，必须也让别人发展；要谋求自身安全，必须也让别人安全；要谋求自身过得好，必须也让别人过得好”的政策宣示，再清楚不过地表明了中国的国家意志和战略理念，为今后一个时期处理中国与国际体系的关系定下了总基调。

以中国为代表的新兴大国群体崛起，是21世纪最具冲击力的大趋势之一。全球财富中心转移，国家间利益冲突增大，预示着国际秩序面临着调整的重大契机。其实，不管是既得利益国“维护+改良”的态度也好，新兴大国“适应+改革”的立场也罢，改变现行国际体系是必须的，因为它早已无法反映国际力量结构的重大变化。

中国的崛起，是一个长期的进程；中国的崛起，将是一个长期的话题。崛起中国之于国际秩序的冲击，需要进行多角度的讨论和持续的关注。对于中国来说，依托现有秩序，还是打破秩序，是一个早在改革开放之初就已经解决了的重大问题。但是，如何处理好快速崛起的中国与现存国际体系之间的复杂关系，如何减少摩擦和冲突，防止非对抗的矛盾转化为对抗性的矛盾，却仍是一个需要在实践中加以解决的难题，没有现成的经验可以借鉴。国际关系学院“中国崛起与国际体系”课题组林宏宇教授等人翻译、丹麦奥尔堡大学李彤教授主编的《中国崛起与资本主义世界秩序》一书，相信能为这一大进程和大讨论提供一些的智慧火花和方向指引。

2012年7月16日 于坡上村

① 《毛泽东著作选读》下册，人民出版社，1986年版，第755页。

目　录

导　论　中国崛起与资本主义世界秩序：“四个中国”的维度

［丹］李　彤

1. 背　景

2009年是中国共产党革命成功、中华人民共和国成立60周年。在中国人看来，60年只是中国漫长文明历史中的沧海一粟。中国在历史上被不同的家族朝代分别统治了几百年。因此，虽然这本书试图寻找和说明中国在这一时期的进程和发展，但是现在就回答自从1949年中国革命成功以来，中国社会经济和社会政治的发展所带来的内外影响，还为时过早。正如一位研究中国的学者指出，革命通常在几十年后甚至一个世纪后才能被揭示出真实的社会意义。

20世纪70年代末开始重新融入国际社会的中国，逐渐成为国际社会的主角，这是现代世界历史上一个非常重要的事件。过去的30年，中国经历了让人印象深刻的经济增长，国民经济每年平均增长9%—10%，4亿贫困人口脱贫，这被世界银行称为人类历史上的“奇迹”。很多年来，中国都是东亚和世界经济增长的发动机，2009年中国代替德国成为世界第三大经济体，这比预期的来得更早。

如今，世界开始意识到中国经济的影响。中国市场的巨大规模及其融入世界经济，造成了许多机遇和不确定因素，包括人民币汇率问题，中国的全球贸易引起了发达国家和发展中国家的工人和企业的关注，中国对能源的需求造成了能源争夺和价格上涨，中国的财政政策、汇率政策、贸易政策、安全政策、环境政策、资源管理、食品安全、原材料和商品价格被认为影响了国外民众的经济生活。在一些方面，中国被认为应该像美国一样，做一个负责任的大国。

在中国共产党执政60年间，中国崛起过程中的内外转型，以挑战——反映的相互作用为特点。网上有一个很流行的笑话，“在1949年只有社会主义可以救中国；在1979年只有资本主义可以救中国；在1989年只有中国可以救社会主义；在2009年只有中国可以救资本主义”。这显示了在巨大的金融危机面前，西方对中国这个世界第三大经济体有很大的期望——她将保持持续的经济增长，并带领世界走出经济危机和衰退期。

在90年代，中国崛起的影响在国际关系领域引发了广泛讨论。中国最终会变成什么样？中国崛起将为世界带来怎样的影响？中国是否会符合西方的期望？中国是否会影响到既有的资本主义世界经济秩序？即使拿破仑曾经警告世界，最好不要吵醒这个“沉睡的巨人”，中国仍然给现存的国际世界秩序带来了机遇和不确定性。西方作为当今世界秩序的创造者和主要受益人，面临的巨大挑战是如何应对和适应由中国崛起产生的影响。由于西方无法全面了解中国及中国的相关政策，西方产生了“中国综合症”，这个症状的表现为心理烦躁，情绪歇斯底里以及将中国妖魔化。在过去几十年里，对中国的喜爱与厌恶影响了西方的学术界与舆论界。尽管中国政府始终推进经济全球化，改善与世界其他国家，尤其是西方国家的关系，但中国仍然处在嫉妒、羡慕、焦虑、担忧甚至愤恨的环绕之中。

2.“四个中国”的维度

最近几年，“中国崛起”的话题引起了全世界的关注。除了大量的文章，许多围绕中国崛起及其对世界秩序启示这一主题的有影响的书籍已经出版。例如：戈尔茨坦的《崛起的挑战：中国大战略和国际安全》（2005年）；郭树健的《21世纪中国和平崛起：国内与国际条件》（2005年）；康大卫的《中国崛起：东亚和平、实力和秩序》（2007年）；科兰滋克的《魅力攻势：中国软实力如何改变世界》（2007年）；兰普顿的《中国的三张面孔》（2008年）；沈大伟的《权力转移：中国和亚洲的新动力》（2006年），等等。作为进一步的贡献，本文和本书尝试着提供一个概念和分析的框架，以便我们理解中国在恢复全球力量过程中坚持不懈的努力与奋斗，尤其关注中西方交往中的政治经济关系。

为了使其更加具体，本书旨在探讨相互依存和相辅相成的"四个中国"的框架内，中国转型的演进和动态：（1）历史文化中国；（2）革命的社会主义中国；（3）经济中国；（4）政治中国。这"四个中国"的结构，揭示了中国的内部演变和外部影响之间的辩证关系、资本主义世界体系如何塑造中国的内部变革以及中国内部转型给整个国际秩序重塑所带来的机遇与挑战。

2.1 维度一：历史文化中国

"文化中国"，指的是很长一段时期的"历史的中国"。这个古老文明的理念和经典从古至今影响着世界，启发了许多欧洲知识分子。西方学者对中国历史、文学和文化哲学研究影响了西方知识中"经典中国"的形成。现在，这种影响的痕迹仍可以追根溯源。然而，"文化中国"的形象往往不是真正的中国，而是想象的乌托邦式的帝国。马可·波罗游记中，介绍的中国社会经济的形成和文明形象，给中世纪欧洲留下了有关中国国家实力和文明程度的第一印象。对中国的认识更具体的一个来源是"丝绸之路"，这是中国纺织品和瓷器出口到欧洲北非的主要途径。

在"东方主义"的原假设中，中国的历史文化比欧洲产生资本主义之前的文明先进。在欧洲启蒙运动中，如莱布尼茨、伏尔泰、魁奈等，这些不能被遗忘的启蒙先贤们，从中国社会和政治组织的许多方面得到了很大的启示。他们"借鉴了中国，以仁慈的专制，任人唯贤，农业为国民经济基础的道德教育和体制发展为指导"。弗兰克和亚当·斯密认为中国比欧洲文明，他们声称，"中国比欧洲的任何一个国家更富有"，但他们作此声明时，没有意识到欧洲革命的到来。

然后，西方历史教科书很少强调古代中国在科学、技术和医学方面的成就和发展的贡献。同样很少被强调的，还有许多其他文明，如阿拉伯人应有的贡献。事实上，阿拉伯人率先发明现代数学学科，包括使用阿拉伯数字，零和代数（本身就是从阿拉伯语的派生词）。阿拉伯人在化学方面也有成就

（酒精是从阿拉伯语派生的另一个名词）。中国古代著名的四大发明创造，造纸、印刷术、火药、指南针，不仅对中国文明的发展产生了巨大的影响，也从根本上改变了世界文明的进程。1620年英国哲学家培根曾指出四大发明的重要性，并声称“似乎没有其他事物比这些机械的发明对人类事务施加更大的影响力了”。

早期的欧洲游客和传教士对中国人的工艺水平和其主要城市的繁荣感到惊讶。中国在科学领域和生产领域位于现代化前列。例如，在明代（公元1368—1644年），1405年到1433年之间，明朝皇帝先后7次派出海上探险队到南海和印度洋远征。中国海军有3800多艘船舶，其船队是当时的世界上规模最大技术最先进的，远大于当时葡萄牙的舰队。在郑和的带领下，中国远征舰队最远到达非洲东海岸和莫桑比克海峡，在那里与非洲人进行贸易，将交易到的长颈鹿、兽皮和黄金带回中国。然而，这些探险任务旨在展示中国的组织能力和技术力量，而不是建立国际贸易，开拓海外市场。

需要特别强调，根据李约瑟的看法，事实上，西方现代科学除了借鉴古希腊文明，还主要借鉴了中国文明。同样，根据1987年马丁·贝尔纳尔的研究成果，古希腊文明根源是古埃及和腓尼基文化。我们经常假设，古希腊时代欧洲人开辟了自己的进程，而在世界进步的演变中东方只是作为一个被动的旁观者。一些欧洲中心主义的学者“不承认中国对于现代西方的贡献”，认为西方国家肩负着开化落后民族的艰巨任务。他们在研究19世纪中国的时候认为，就算中国实质上不是异教徒世界，但它也是和西方国家不一样的世界。

在2004年霍布森的一本很有影响力的书中，他认为有两个历史进程根植于西方工业崛起中。首先是，欧洲在经济发展的重大转折点上，受益于吸收和融合了东方的许多重要发明，比如技术、观念和体制。第二个进程是，欧洲帝国主义对东方土地、劳动力和市场的掠夺，形成了欧洲帝国主义扩张力量和资源的基础。

西方种族中心主义把资本主义作为一个西方文明的有机产物。弗兰克与其看法不一样，认为19世纪左右，西方在崛起，世界经济在发展，人口在增加，而东方整体实力却在下降。据他分析，欧洲列强已经从美洲殖民地及一个不断发展的亚洲市场贸易中攫取了大量财富，这带来了世界经济的繁荣。

同样根据一位历史学家的说法，也必须认识到，如果中国是现代世界一个"局外人"，那么西方工业化本身的历史也不能被正确理解，他写道：

中国一直是现代西方的创造性力量。如果没有把鸦片出售给中国和对中国的肮脏的战争（马克思称之为"鸦片战争"），工业革命就不能成功；同样如果没有中国的茶贸易，工业革命也不会如此蓬勃开展。

在这本伟大的历史著作《西方的崛起》中，麦克尼尔强调了理解不同世界文明之间互相影响的重要性，和人类历史上文明起起落落的互相关联。世界文明不是独立的实体，相反，他们不断受到不同文明之间的技术和思想扩散的影响。按照这一思路，西方的崛起不能脱离当时的中国至上的影响力，麦克尼尔写道：

……历史学家没有意识到中世纪欧洲文明的崛起，与此同时，在公元1000年以后，世界生产力体系中心由中东东移到中国。这种现象并不令人感到奇怪。因为，欧洲中世纪的历史一直被英法两个大国的历史所占据。到19世纪末，英法两国在全球扩张中占据主导。所以对于欧洲人来说，认识到中国文明的优越十分困难。

然而，中国自鸦片战争（1839—1842年）失败以来，这个神秘的"传统"和"专制"文明变成了"东亚病夫"，不再能够与"西方现代性"竞争。一些学者认为，现代史上的一个里程碑，是从欧洲人打开中国历史文化大门开始。如同菲茨·杰拉德的隐喻，他说："所有的惊奇，内部和外部的，伟大的结构……突然倒塌，留下惊讶的欧洲人仍然抱着门把手。"这一伟大结构的突然崩塌也许印证了白鲁恂（Lucian Pye）的名言，"中国仅是一个文明型国家而非一个民族国家"。奇怪的是，中国历史文化被视为停滞不前，离欧洲启蒙运动的精神太远，即便是当今的中国，在美国人眼中与其说是一个国家倒不如说是一种象征。

从那时起，"文化中国"被描绘成东方专制，一种保守传统主义和落后的象征。例如，黑格尔认为，当西方世界意识到革命创造历史的时候，中国正处于“历史的童年”。根据韦伯的文化主义的解释，中国之所以没能过渡到资本主义阶段，是因为中国儒家的价值体系不愿意接受发展资本主义的所需的创造力和竞争力的磨炼。马克思认为中国的长城是中国抵制欧洲影响的屏障，欧洲已处于领先中国的位置，即使是那些想帮助中国变成一个类似西方的现代国家的西方左派知识分子，也往往把自己看作在道德和文化上有优势的教授导师。

因此，从19世纪下半叶开始，“不仅要重新改写世界历史，而且‘普世’社会科学的产生，不仅产生了欧洲，而且产生了欧洲中心主义”。因此，当我们讨论中国崛起的时候，一旦超出经济统计的范畴，及其背后的文化、哲学、中国与西方的历史差异，就变得无法理解了。

2.2 维度二：革命的社会主义中国

纵观整个20世纪，中国可能是世界上唯一一个在内外动荡的环境中进行持续突破性变革的国家：辛亥革命、五四运动、抗日战争（二战）、国共内战、朝鲜战争、冷战、越南战争、“文革”以及1978年改革开放，都给中国带来社会、经济和政治上的巨大变革。

中国的社会主义革命不仅是中国划时代的历史事件，也是世界历史的转折点。中国革命（包括中国社会主义建设时期）的历史角色和重要性被国内外反复提及、反复阐释。一些国内外精英和学者仍然无法认清中国革命和中国社会主义这一历史传奇，以及为何它们如此重要。中国革命是必要的吗？国内外一些人士对中国革命的历史必要性存在质疑。他们认为如果中国没有接受马克思主义、没有进行革命、没有走社会主义道路，那么中国将会发展得更为迅速，甚至可能成为一个拥有西方民主特性的高度发达国家。而这恰恰是西方国家一直渴望中国做到的。

不幸的是，历史并不尽如人意，历史也没有给中国西化的时间和机会。一战、二战、抗日战争和国共内战彻底改变了中国的发展方向。正是国内的混乱局势和国外的侵略威胁塑造了近现代中国史。许多人试图从非马克思主义视角解读近现代中国革命史，但是他们都陷入了一个困境——就如迪尔尼克（Dirlik）所描述的那样，虽然西方研究中国共产主义的学者大多数都不认同马克思主义的基本真原理，但是他们也发现中国国情让马克思革命思想很有吸引力并使中国最终导向共产主义政治上，并接受把这个过程作为解释中国社会问题的唯一途径。

但他们也发现，中国国情让马克思革命思想很有吸引力，并使中国最终走向共产主义政治，中华民族在经历了鸦片战争的战败耻辱之后，又经历了一战后签订《凡尔赛条约》的失意，导致了1919年"五四运动"的爆发。在五四运动的过程中，马克思主义传入中国。许多知识分子宣称他们从马克思主义理论中发现了解决中国社会问题的方法。马克思主义的阶级分析和列宁的帝国主义论为中国的知识分子提供了一部分理论框架，也提供了对传统中国文化的失败、对近代中国屈辱史的合理解释。所以他们最终转向了马克思主义学说。虽然在中国工人阶级数量并不多，但是中国通过学习马克思主义而视自己为"无产阶级国家"，并把中国革命归为世界无产阶级反对资本主义和帝国主义运动的一部分。因此，弄清为什么中国共产主义革命能够取代传统儒家学说成为中国社会的主流十分重要。

1949年，中国国民党败亡台湾，毛泽东宣布"中国人民从此站起来了"，"中华人民共和国成立"。中国的巨变震惊了西方世界。特别是美国，从总统到政府官员再到普通民众，均无法想象一个有着被美国"武装到牙齿"的现代军备力量的民族国家，会被共产党所领导的群众起义打败。朝鲜战争、冷战以及社会主义中国在第三世界国家中影响力的扩大，损害了中美关系。美国拒绝接受中国成为社会主义国家这一现实，也拒绝承认中国革命是中国大众的选择——是对中国的落后境况和各种社会问题的有效解决方式。革命并不必然导向共产主义，但是在农业社会转型过程中，共产主义意识形态确实最吸引人、最有感染力。

将中国转变成为一个民主的资本主义基督教国家的设想幻灭了。谁丢失了中国？这个问题在美国国内形成了大规模的争论。在麦卡锡主义所称的"红色威胁"时期，对于谁该为中国的"转轨"负责这一问题的争论持续扩大，最后被确定为所有不认同毛泽东思想的美国知识分子应该为此负责。对社会主义中国无端的恐惧最终致使美国卷入越南战争。

革命的中国在很多方面都与社会主义的中国密切相关。社会主义中国进行了大量的政治、经济和社会结构方面的"跃进式"改革，其文化传统与资本主义国家的意识形态和政治共识相悖。中国建立社会主义国家的目标可被看作是反对资本主义国家霸权。更确切地说，是尝试在诸如语言、社会关系、政治和实践、民族意识甚至道德方面建立一个新的霸权。

1949年以来，在毛泽东的领导下，中国同许多发展中国家一样，经济飞速发展。然而，与其他国家不同的是，中国的社会主义发展道路强调的是人力资源、共同繁荣、经济质量、均衡发展、社会和政治动员力。中国提出独立自主原则是对内预防社会经济的倒退，对外抵御以美国为首的西方国家的经贸制裁；独立自主政策更是中苏关系恶化的结果。无论社会主义中国事后被如何评价，当时确实只有社会主义道路才能保证中国的经济发展和主权独立。

历史证明，在政治权威和国内阶层结构发生变化的背景下，中国在社会进步、发展方面取得了巨大成就，为后毛泽东时期经济的飞速发展打下了基础。20世纪70年代末，中国实行改革开放政策。随着地缘政治发生变化以及中国与西方国家关系的改善，中国需要建立并明确与西方大国的关系。

无可否认的是，在此期间中国政府的重大失误也造成了巨大的人员流失。但是在1949年之后，中国进行了许多改革：从一个被西方帝国主义奴役的国家转变为一个独立自主的国家；从一个处于分裂状态的国家变为整合的国家（台湾除外）；从一个贫穷的农业国发展成为一个各方面迅速发展的工业国；从一个被西方大国欺压的小国转变成一个在国际社会受到尊敬的大国。直到现在，许多发展中国家仍在努力，以图取得像中国那样的伟大成就。然而，中国社会主义实践过程中的危机，给毛泽东之后的领导人提出了新的理论和实践问题，这些是新一代领导人力图解决的。

如果不把革命的社会主义中国放在更为广阔并充满活力的资本主义体系内进行研究，而只是对中国进行单独的研究，是无法完全了解中国的。中国式的社会主义，因其模式的潜在发展前景和革命思想浓厚的意识形态，曾一度被以美国为首的西方资本主义国家视为威胁。在过去，中国社会主义革命的主要政治目标是推翻或挑战不平等的世界资本主义经济体系。然而，这样的目标虽然听上去耸人听闻，实际上却或多或少地使中国游离于美国为首的西方资本主义体系之外。讽刺的是，中国如今的市场经济体制和权威政治体制，使得中国在快速的经济增长条件下积累大量财富，在世界范围内的比重增加，也造成了许多环境问题；凡此种种使西方开始感受到中国造成的可怕威胁。更重要的是，这种威胁存在于全球资本主义的框架机制之内。中国13亿人口参与资源消耗和财富积累所产生的威胁，似乎比亨廷顿"文明冲突论"的概念更加实际。令西方感到困惑的是中国现行的资本主义与之前的社会主义相比，给西方社会在现实层面，而不是在意识形态层面带来了可能的威胁。一些学者预测中国经济崛起将会超越分裂的全球资本主义，建立新的世界秩序（如李明启的《中国崛起和资本主义世界经济的终结》）。

2.3 维度三：经济中国

资本主义被认为是欧洲历史的特殊产物，是西方文明的有机发展。根据弗兰克理论，现代资本主义世界体系以西方为核心地带，被半边缘地带和边缘地带所包围。19世纪中期，西方世界经济开始发展，人口增加，而同时期东方（中国）开始衰落。弗兰克预测，随着中国的崛起这一强劲的动力，世界的经济"中心"将再次回到东亚。

按照这种观点，"经济中国"代表后毛泽东时代中国经济的高速增长。这一增长开始于改革开放，影响了外国投资、商品价格、国际贸易、地区性联合、国际关系，等等。中国的规模、人口和它与世界经济的结合使得国际通胀环境变得不确定。中国的货币成为争论之一；中国的贸易受到发达国家和发展中国家工人和企业的关注；中国的能源需求引发了竞争、价格增长和冲突。中国与美国还有其他发展中国家成为了争夺外国投资的对手；而中国自身的海外投资正在进入世界市场。中国政府的经济活动和有关金融、货币、贸易、安全以及环境问题、资源管理、食品安全、原材料和商品价格的政策都受到国际影响，同时也冲击着中国以外的数以百万计的人们的经济生活。中国供给和需求的调整会影响价格的变化，因此导致其他国家的调整。中国目前拥有世界上最大的外汇储备。

中国在全球经济当中的增长为其他国家带来了重大的福利。一些学者开始将中国经济（世界工厂）与19世纪的英国和20世纪的美国作对比。由此，许多西方人开始问一个重要的问题，当中国可以用美国和欧洲生产成本的一半制造几乎所有商品时（比如计算机、汽车、飞机、药品），世界将会怎么样？中国的这些发展将怎样影响世界和西方人的生活。特别使西方困扰的是中国经济成功的很多因素与西方经济理论建立起来的根本假设相悖。这就像一位观察家所言：

也许该是承认我们不了解中国的时候了。这个国家的发展方式与我们所认为的国家发展方式完全不同。例如，秘鲁学者索图（Hernando de Soto）认为清晰和有力的财产权是国家经济发展的先决条件，而中国——这一人类历史上发展最快的国家，却拥有着最不明确和最不可靠的财产权。原美联储主席格林斯潘曾说法律是市场经济的关键，但是中国拼凑出的一套法律体系，也没有平等的强制性。世界银行和国际货币基金组织共同叫卖华盛顿共识，声称如果不能实现汇率自由浮动，将给经济带来巨大的扭曲，但中国经济却繁荣发展。因此可以说，中国是个巨大的谜题，我们必须从中学习，重新修订我们的理论。

不只是自由主义经济理论的基本假设无法解释中国经济的成功，经济现代化、文化发展变化和政治民主间的因果关系也不适用于中国的情况。预言中国共产党的政治统治最终将与经济逻辑发生矛盾的情况并没出现。与2001年出版的《中国即将崩溃》书中所预言的相反，中国共产党的政治合法性正在得到加强，其党员人数在2007年底已上升至7400万人。根据近几年“皮尤全球态度调查计划”[①]在世界范围内以国家为基准的系列民意调查结果表明，中国大多数民众表现出对国家发展和经济发展非常高的满意度。其中包含了他们自身生活中的很多方面，如家庭生活、收入和工作。随着改革的发展和经济的增长，越来越多的中国人热爱自由市场和现代化生活。如今，我们正在见证这一矛盾的情况：当中国经济与西方国家数以百万计的人民生活紧密结合在一起时，西方渴望着与中国探讨几乎所有的全球社会经济问题，如贸易平衡、外汇汇率、能源价格、商品价格、环境保护、失业、食品安全，等等。而同时，其他非经济问题，比如人权和民主问题，就被随意处理，没有统一认识。虽然西方宣称要在冷战结束后战胜中国共产主义和社会主义，但事实上却创造并增强了新的矛盾，中国特色的资本主义开始影响全球市场。

① “皮尤全球态度调查计划”（The Pew Global Attitudes Project）是由总部位于华盛顿的皮尤研究中心组织的一项研究项目，它包括一系列世界范围的公众舆论调查，调查的议题范围广泛，从人民对自己生活水平的评价，到他们对当前世界重要问题的看法，都有涉及。

从某种意义上可以说，在西方眼中，中国就像一个"离经叛道的国家"试图追求自身的利益，书写自己的规则，对已建立的国际体系提出强有力的挑战。

西方垂涎于中国13亿人口的购买力，却忘记了资本主义初期的扩张通常带着野蛮性的特征，同时产生预料之外的结果。自由的市场经济在中国将导致人们为了获利或生存而追求一切可能机会。中国政府的很多"不当行为"实际上就是其市场化进程的结果。换句话说，中国和西方在知识产权问题上的争端则反映出了西方国家一种典型的矛盾心态。一方面，西方国家期待通过资本主义市场经济在中国的发展削弱中国的威权主义；另一方面，面对资本主义初级阶段中国商人对利益的追逐，以及由此带来的对西方国家经济利益的损害，西方国家又期许借助中国政府的干预予以解决。事实上，在中国融入世界经济的过程中，西方对中国政治上施压的力度在增加，但对中国市场的依赖性也在增加。

2.4 维度四：政治中国

根据现代化理论，西方国家深信始于20世纪70年代末的中国经济改革会把中国引入市场经济，同时毫无疑问还将带来政治的自由化，在20世纪80年代有很多西方著作充满希望地表达了对中国"第二次革命"①的信心。但1989年的"北京政治风波"却抹杀了西方对中国实现西方式民主的期望，加深了西方对中国抵制政治改革的忧虑。在这时期，"政治中国"表达了强烈的政治独裁主义——一个非民主的中国是世界统一规则下潜在的不稳定因素。

但是，现在"政治中国"这一概念却表达为这样一个词——"中国模式"。中国成功地从国家拥有并控制的计划经济，向由国家监督管理并结合了市场机制的市场经济转型，中国建立起了一套属于自己的发展模式。"中国模式"根植于特殊的历史维度、独特的文化元素和坚定的意识形态，这种模式对发展中国家越来越有吸引力。尤其吸引发展中国家的是如何处理国家—市场—社会之间的关系，以及国际政治经济关系。"中国模式"近期被理论化为"北京共识"，这一理论概念涵盖了对政治、发展和全球力量平衡的关系。这样一

① 所谓的"第二次革命"是相对于中国共产党夺取政权的第一次革命而言，是指中国经济的市场化和政治的自由化。

个理论概念的形成，来源于中国30多年来经济发展的成功，来源于对创造新的发展道路的渴望，来源于对国家最高统治的强烈信任和全球多边主义发展，来源于为应对不对称权力而进行的战略工具积累，比如，如何从西方超级大国手中获得成功、赢得跨国资本。

“北京共识”也可被认为是中国在过去30多年中外交和对外政策的调整与再调整：从上个世纪80年代到90年代初的“睦邻友好外交”，到90年代末的“大国外交”，再到“能源外交”、“软实力外交”，再到21世纪初的“公共外交”，同时伴随的还有“和平崛起”和“和平发展”的战略构想，“政治中国”在国际政治中取得了很大的成功。中国是世界贸易组织成员国，派军队参与联合国维和行动，参与防止核扩散事务，主办关于朝核计划的六方会谈，与邻国商讨打击恐怖主义问题，参与了多项地区和国际性组织，展示了中国政府新的外交风格。中国政府为其新外交政策烙上官方的标语——“和谐世界”，试图以此缓和其他国家对中国崛起的恐惧，避免其他国家为制衡对抗中国崛起而结成反华同盟。

“北京共识”显示了它的意识形态和价值体系的影响力，尤其它所呈现的“软实力”对根植于“华盛顿共识”的美国霸权形成了挑战。中国所描绘的“软实力”，表现出一种独特的“大国良心”与“和平的领导权”，通过客观地宣扬其文化和政治价值观，通过外交政策和经济力量的相互作用，使得中国有资格说服其他国家追随它的意识形态。

“政治中国”在很多方面证明，其所建立的特殊的、本土化的政治文化和经济现代化体系进程已得到了世界范围的承认。阿理奇（Arrighi）注意到资本主义世界体系在历史演变进程中经济和政治霸权的相互作用，2007年在他的新书中建议人们重新阅读亚当·斯密的《国富论》，他从完全不同的角度通过独特的解释说明了中国经济攀升中深远的政治含义。阿理奇认为，斯密所预言的基于更平等的全球文明的世界市场社会是可能实现的，而中国也许会通过已建立的资本主义霸权成为斯密描述中的非新自由主义市场经济，挑战目前公认的意识形态和政治规范。这一进展潜在的结果是一个新“历史的开端”，而非福山所预言的“历史的终结”。换句话说，现有的世界规则可能会因中国崛起而见证一次“范式的转移”。

“范式的转移”表明不同的意识形态在不同时期处于不同的地位这一周期

性历史规律。它同时也呈现了对抗的意识形态与社会经济、社会政治体系间永恒的冲突。预计在不久的将来,中国科学社会主义理论会逐步开始挑战现有由西方占统治地位的理论体系。中国崛起对国际体系现有理论在结构和规范尺度上的影响也会影响到西方和中国国际关系理论发展。自从意识形态的认识成为一种话语依赖,一套新的理论话语的建立就暗含了社会政治环境中的力量关系。正如一位中国学者所指出的,中国国际关系理论学派可能或必然随着中国巨大的经济和政治成功而发展起来。

与上述的理解框架一致,“政治中国”意味西方不知道如何分析处理中国——一个他们熟悉的概念框架之外的国家。一方面,西方希望中国继续发展市场,这样就能产生大量的商机,另一方面,对于很多的西方政治家和政策制定者们来说,中国不符合多数西方有关国家成长发展的基本理念,如财产权与经济增长、法治与市场经济、货币的自由浮动与经济规则,还有最为重要的政治体系与民众感情之间相互依赖的关系。最后一任英国驻港总督彭定康在接受BBC采访时直率地表示,中国的成功使人们相信没有民主的国家也能富裕起来,而且这一想法对西方造成了很大的冲击。他坦率地承认中国是令人惊讶的国家,它是第一个很好地融入了国际体系中的国家,同时却在挑战这一体系的基础。其他现实主义者,比如米尔斯海默,则直截了当地声明中国的崛起预示了其与现有国际体系的必然冲突,和其对美国霸权的挑战。

上述表明,对于中国这样一个与西方解释框架不符的国家,西方感到不知所措。通过民主、自由、人权、自由主义、独裁主义、专政等概念,人们有意或无意地将自己嵌入西方知识观念和历史环境当中。无需提示西方历史中的大事在世界历史发展当中里程碑式的作用,比如英国革命、美国独立宣言、法国大革命等,它们都深深融入在政治话语的形成过程中。不幸的是,今天当西方国家将自己与其他文明对比时,这些历史事件的悖论才被发现出来。例如,以西方自由主义为基础的印度民主模式,被认为比中国的“独裁统治”要先进,并最终会胜过中国,但事实上在许多社会和经济方面,印度的经济分散化、民主制度远远落后于中国的中央集权统治体系。

特别让西方感到困扰的是中国崛起所产生的政治“不确定性”、“中国将会变成什么样”、“中国想要什么”、“中国会怎样使用它的力量”。这些问题一直萦绕在西方政治家和主流政策制定者们的头脑中。就像勒格鲁·杰弗里所指出的，“‘中国崛起’的问题不只是权力的问题，还是目的的问题”。中国快速的经济发展和军事力量加深了西方对中国不确定性的忧虑，他们怀疑中国将如何运用它的力量和中国对力量的应用是防御性的还是攻击性的。很多的现实主义者和政策制定者通过历史经验，指出一个大国快速的经济发展通常会引发内外两部分巨大的、常常是破坏性的变革，以此预测中西方最终会产生冲突。因此，西方不敢断然相信中国自己保证的“和平崛起”或“和平发展”，因为他们受到“民主和平论”的深刻影响（也就是说，民主国家不会或很少与他国发生战争）。根据这样一条思路，除非中国成为像西方一样的民主国家，否则和平的预期就无法得到确定。

其中，有一个核心问题决定了西方和中国之间鸿沟的大小。这个问题是：在西方现有的世界体系中，中国愿意在多大程度上接受西方的基准和规则，同时西方愿意在多大程度上调整现有体系以适应由中国崛起所带来的挑战。从中国的角度来看，中国崛起仅是简单的“中国复兴”，是在一定程度上寻回中国失去的国际地位，而非获得什么新东西。换一句话说，要在一定程度上恢复其原先与西方的平等关系而非取得对西方的优势。西方仍然努力希望中国最终将成为一个“负责任的利益攸关方”，支持现有的国际体系。中国已高度融入了这一体系，并被认为通过这一体系获得了大量利益。无论中国崛起和它的发展模式多么有说服力，西方仍不可避免地寄希望于中国能够吸收并适应强硬的外部挑战和现有的国际体系的约束。

2.5 “四个中国”的关系

自从几个世纪前与西方第一次接触以来，中国一直是西方关注的焦点，她一直被视为一个超出了西方理解能力的令人感到困惑和神秘的民族国家。即使现在中国成为了资本主义世界经济不可或缺的一部分，她的许多方面仍然是西方的主要强国所不能容忍的。因此，“四个中国”之间的关系构造了一个综合的整体框架，可用于理解中国崛起与现有世界体系之间的关系。

中国和西方之间的历史关系，从“历史文化中国”到“革命的社会主义中国”，以及随后的“经济中国”，然后到“政治中国”的时代变迁，表明了中西方实力之间此消彼长的辩证过程。从这个角度来看，中国作为一个崛起的新兴力量和西方现存的世界强国之间的力量对比将继续此消彼长，而不是像决定论解释的那样有目的的向前或向后移动。要理解中国崛起的真正含义，只能将"四个中国"因素作为相互依存的实体进行系统分析，而非孤立地分析。弄清"四个中国"因素之间的相辅相成的关系是理解现代中国复杂性和中国的崛起对现有世界秩序所带来影响的关键。

西方对中国的记忆植根于"历史文化中国"和"革命的社会主义中国"。西方传统的观点，认为中国是伟大的精神文明，同时也是"邪恶的共产主义"。西方在这一时刻认为中国是最迷人和充满经济活力的国家，下一时刻就可能视中国为随时可能崩溃的警察国家。由于不同时期情绪的不稳定变化，导致过去几十年中中国和西方关系不平稳。西方有一个坚定的信念，那就是他们可以改变中国。而这种信念导致了很多对华政策（西方希望中国的内部发生变革或者是试图使中国按符合西方的利益的方式转变）的失败。早期的西方传教士希望把中国转化成一个西方式的基督教国家，但是他们失败了。在中国的历史和文明记载中，中国曾经被强大的少数民族，如蒙古族和满族，征服和统治了几个世纪。他们试图改变中国的根本性质，但最终他们都被改变和汉化。中国虽经过了几个世纪的不断发展，但只有中国人进行自发性转变的时候，才能成功。

在过去的30年，"经济中国"被西方国家看作是资本主义世界最大的救世主，因为资本主义世界体系中心的美国和欧洲都在与苏联的冷战中被削弱了。然而，如果把毛泽东思想式的自给自足、自力更生的社会主义发展路线，看作一个有威胁的潜在发展模式和意识形态；如果把社会主义政治的核心目标看作是挑战世界经济体系中不平等的体系结构，那么这样一个社会主义中国将会脱离美国主导的资本主义世界体系。换一句话说，这种"社会主义的威胁"更大程度上只是一个意识形态的挑战，而不是要建立一个新的世界体系来取代现存的资本主义世界体系。但是，令人讽刺的是，当前的世界经济一体化进程和中国强大的国家实力一起增强了中国比较优势，增加了她对世界财富和资源的占有，最重要的是，这样一个"威胁"居然和全球资本主义机制共存。

"政治中国"在很多方面反映了西方在应对和适应中国崛起过程中，心理和感情上的一种歇斯底里的症状，这种症状被丹麦奥尔堡大学的李形教授命名为"中国综合症"。西方民主的支持者一般很难认同中国飞快的经济增长，因为他们很难相信一个在强权和专制政府控制下的、人口过剩的“落后”国家能够取得这么了不起的成就。对于很多西方政治家和决策者来说，中国仅仅是不符合一些西方最基本的信仰，包括推动国家发展的力量、产权和经济增长之间相互依存的关系，这些关系体现在法律规则和市场经济中，体现在自由的货币流动和经济秩序中，最重要的是体现在政治制度和民众的情绪中。一些西方政治家和决策者也仍然对中国“和平崛起”存有疑虑，并且担心中国是否会运用她积累的实力和影响力改变现存的规则和规范，向其所需要的方向发展。一些学者预见崛起的中国和现存大国之间最终会有冲突，例如克劳萨米尔和米尔斯海默等，但是，其他人则强调中国的经济增长是以加强与国际体系一体化为前提的，同时中国经济成就的内部和外部因素是相互交织相互依存的。最终的结果是，作为一个崛起大国，中国的民族利益和对外政策行为越来越反映和包含国家地位的现状。中国成为全球化时代赢家的原因，正是她经济的发展和财富的积累是在世界资本主义体系之中完成的。这种观点成为现在占主导地位的主流观点。

预计在不久的将来，不论是正在崛起的中国，还是现行世界统治者的西方都将不得不寻找一个相互合作的途径。为了达到这样的目的，双方都会经历一个相当长的斗争、调整和紧张的时期。所以如果说中国的崛起对西方地位的挑战意味着世界秩序的失衡，意味着世界秩序的重新整合，意味着一个新的世界秩序的创立，这样的预言尚为之过早。

3. 本书写作目的和各章内容安排

中国的四个方面（历史文化、革命的社会主义、经济、政治）在发展过程中相互作用、相互协调彼此促进，构成中国崛起引发的一系列议题和挑战的主要方面。本书试图更好的解释中国崛起可能对现有资本主义国际体系产生影响的辩证逻辑。换句话说，本书试图通过综合有关中国崛起各方面的调查研究，得出更好的解释。各章节以专题为形式，从多种跨学科的方法以及不断变化的内外因素间互动出发，研究中国问题。一些章节重点讲述中国崛起的历史过程；一些章节关注在现有国际制度以及中西方国家关系的背景下，现代中国的演变过程；还有一些章节讨论内因、外因的共同影响以及它们之间的相互影响；另外一些章节关注导致国家崛起的内在推动力，比如中国的地位、中国的发展政策以及中国共产党强大的适应力。

第1章由Jacques Hersh编写，阐述了中国与欧洲经贸往来的发展历程，解释了欧洲发展速度由快变慢而中国发展速度由慢变快的原因。经济国家主义，作为影响发达工业国家的相互关联的问题群的一种决定因素，其重要性在不均衡和不平等发展理论中被认为是值得在国际政治经济方面引起更多关注的。一个似是而非的说法是，中国作为全球重心回归大国地位对西方造成的威胁要高于毛泽东式的发展模式。中国崛起会引起现实主义的零和游戏，还是自由主义的双赢结果，是未来几十年各方考虑的基本议题。

第2章由Mammo Muchie和李彤编写，阐释中国崛起在世界范围内产生的影响。本章试图表明这样一个事实：尽管经济持续增长，国家相互依存，仍然有个别学者、记者、政策制定者和专家权威不时发出危言耸听的煽动性言论——中国崛起是对世界的威胁。本章试图说明中国并非一个完全恶意或者完全善意的形象。中国经济是新兴的转型经济，中国有巨大的经济总产值、庞大的人口数量和巨大的市场。假如世界愿意与中国利益捆绑，理解和尊敬中国，那么就能产生一个双赢的局面。这一结论是植根于现代的中国国家主义历史演变之中的。

第3章由Paul Opoku-Mensah编写，研究中国对非援助的影响。国际援助体系是一项历史创新，是一股强大的力量，反映并使全球力量关系制度化。它的影响力几乎等同于如果不了解政治制度与援助政策在国际、国内和地区的作用，就无法真正了解国际体系一样。当然，援助机制正逐渐发展成为一种包括一系列的准则、原则和程序在内的国际机制，它被设计用作保护特定经济和意识形态，以维持国际稳定和各方利益的一致。中国的加入必然对原有援助体系提出了根本性的挑战，但这种挑战尚未被详细调查研究。本章认为世界亟须中国参与国际援助体系，并且在一系列的有关中国对世界援助体系影响的利弊分析后，中国加入进来了。

第4章由李彤和Paul Opoku-Mensah编写，从历史和经验主义的视角分析中国、非洲崛起过程中，国外移民的作用。另外，本章重点从一个分析的框架下，了解海外移民对于崛起中国家的作用。通过对中非移民的案例分析，本章深入探讨了:(1)历史不同，对大规模国外移民的身份认同及其与祖国的关系也不同;(2)移民在移民国家的身份不仅由他们自身的经济地位决定，也与他们同祖国的关系密切相关;(3)在国家建设的过程中，一国如何逐步吸引海外移民回国。

第5章由李民骐编写，评估了到2100年，能源供应的前景及其对中国和世界经济增长的影响。在考虑到煤、石油、天然气的生产潜力以及新能源的开发和核能利用之后，本章认为世界经济将会以低迷的状态度过21世纪。中国很可能在2020年之后面临难以克服的能源危机。就算最乐观地估计，经济增长率的快速下降以及最终增长停滞是不可避免的。

第6章由李彤编写，分析了中国转型过程中国际和国内推动力的互动。本章提出，应在持续一世纪的中国威胁论——中国责任论的动态中，理解中国内部改革和外部影响力间的辩证关系。本章探讨了外部因素如何影响中国内部转型。例如，中国如何应对外部挑战并使国外政治理论中国化指导中国国内转型实践，以及中国内部转型如何反过来影响世界，资本主义世界体系如何适应中国崛起带来的机遇和挑战。

第7章由Stig Thogersen和Clemens Stubbe Ostergaard编写，探讨了关于中国应对全球化各种挑战而提出的内外政策，以及如何落实这些政策。中国似乎能通过国家政策把全球化的巨大压力转变为自身优势。本章探讨了中国全球化政策的制定过程，详述了涉及中国内外政策所有领域的七大政策，验证了中国全球化理论及其如何维持中国统一，强调了大国需保护其国家利益。本章的一个写作目的是讨论和分析中国政策，该政策旨在通过政治机制把一党制深深嵌入到社会之中。本章认为，单极世界体系和美国可能会受到一个新的、多样化的国际体系的挑战，在这个新的体系中，中国扮演了重要角色。

第8章由李彤和Peer Moller Christensen编写，提出了一个框架用以理解中国的转型和崛起与中国共产党的适应能力（这是当代中国政治文化自新中国成立以来一直具有的最鲜明的特点）之间的关系。本章建议将造成后革命时期危机的中国历史和社会矛盾概念化，并系统性地分析中国共产党与现存社会矛盾间的关系。中国共产党在过去30年里连续不断的经济改革以及中共自身对新形势的不断适应，表明了这样一个事实：要分析中国社会转型，包括中国崛起，必须把中国共产党作为一个积极主动地参与者和制度的一部分进行系统的分析。

参考文献

1. Adas, Michel (1989) *Machines as Measure of Men: Science, Technology and Ideologies of Western Dominance.* Ithaca, NY: Cornell University Press.

2. Arrighi, Giovanni (2007) *Adam Smith in Beijing: Lineages of the Twenty-First Century.* London: Verso.

3. Bacon, Francis (1620) *Novum Organum – Liber Primus*, CXXIX. Adapted from the 1863 translation, quoted from http://en.wikipedia.org/wiki/Four_Great_Inventions_of_Ancient_China.

4. Bernal, Martin (1987) *Black Athena: The Afroasiatic Roots of Classical Civilization* (The Fabrication of Ancient Greece 1785-1985, Volume 1). London: Free Association Books.

5. Blecher, Marc J. (1989) "China's Struggle for a New Hegemony", *Socialist Review*, 19(2): 5-35.

6. Borthwick, Mark (ed.) (1992) *Pacific Century: The Emergence of Modern Pacific Asia*. Boulder, Colo: Westview Press.

7. Chang, Gordon G. (2001) *The Coming Collapse of China*. New York: Random House Inc.

8. Cumings, Bruce (1996) "The World Shakes China", *The National Interest*, (43) 28-41.

9. Das, Dilip K. (2005) "China and India: A Tale of Two Economies", *China & World* Economy, 13(4): 83-97.

10. Dirlik, Arif (1989) "Revolution Hegemony and the Language of Revolution: Chinese Socialism between Present and Future", in Arif Dirlik and Maurice Meisner (eds) *Marxism and the Chinese Experience*. New York: M.E. Sharpe Inc.

11. Dirlik, Arif and Meisner, Maurice (1989) "Politics, Scholarship, and Chinese Socialism", in Arif Dirlik and Maurice Meisner (eds) *Marxism and the*

Chinese Experience. New York: M.E. Sharpe, Inc.

12. Doyle, Michael (1983) "Kant, Liberal Legacies, and Foreign Affairs", *Philosophy and Public Affairs*, 12(3)&(4): 205-235; 323-353.

13. Fishman, Ted C. (2005) *China, Inc.: How the Rise of the Next Superpower Challenges America and the World.* New York: Scribner Publisher.

14. Frank, Andre G. (1998) *Reorient: Global Economy in the Asian Age*. Berkeley: University of California Press.

15. Fukuyama, Francis (1992*): The end of History and the Last Man*. New York: Free Press.

16. Goldstein, Avery (2005) *Rising to the Challenge: China's Grand Strategy and International Security.* Stanford: Stanford University Press.

17. Guo, Sujian, ed. (2005) *China's Peaceful Rise in the 21st Century: Domestic and International* Conditions. Aldershot: Ashgate Publishing.

18. Hegel, Georg W.F. (1938) *The Philosophy of History*. Available at http:// www. btinternet.com/~glynhughes/squashed/hegelhistory.htm.

19. Hobson, John M. (2004) *Eastern Origins of Western Civilisation*. London:Cambridge University Press.

20. Huntington, Samuel P. (1993) "The Clash of Civilizations?" *Foreign Affairs*,72(3): 22-49.

21. Ikenberry, John G. (2008) "The Rise of China and the Future of the West", *Foreign Affairs*, 87(1): 23-37.

22. Kang, David C. (2007) *China Rising: Peace, Power, and Order in East Asia.* New York: Columbia University Press.

23. Kant, Immanuel (1957) *Perpetual Peace* (translated by Lewis White Beck). New York: Liberal Arts Press.

24. Krauthammer, Charles (1995) "Why We Must Contain China", *Time* Magazine,146(5): 72.

25. Kurlantzick, Joshua (2007) *Charm Offensive: How China's Soft Power Is Transforming the World.* New Haven: Yale University Press.

26. Lampton, David (2008) *The Three Faces of Chinese Power.* Berkeley:

University of California Press.

27. Legro, Jeffrey W. (2007) "What China Will Want: The Future Intentions of a Rising Power", *Perspectives on Politics*, 5(3): 515-534.

28. Li, Minqi (2005) "The Rise of China and the Demise of the Capitalist World-Economy: Exploring Historical Possibilities in the 21st Century", *Science & Society*, 69(3): 420-448.

29. Li, Minqi (2008) *The Rise of China and The Demise of The Capitalist World Economy*. New York: Pluto Press.

30. Li, Xing (1998) "Sleeping in the Same Bed with Different Dreams", *Peace Review*, 10(3): 449-454.

31. Li, Xing (1999) "Socialist Foundations of Market Reforms: Assessing Chinese Past", *Economic and Political Weekly*, 34(49): 3457-3464.

32. Li, Xing (2008) "Vestens Kina-syndrom" (The West's China-syndrom), *Kritisk Debat*, 42. http://www.kritiskdebat.dk/artikel.php?id=590.

33. Luo, Chi (2007) *Understanding China's Growth: Forces that Drive China's Economic Future*. London: Palgrave Macmillan.

34. Madsen, Richard (1998) "China in the American imagination", *Dissent*, 45(1):54-59.

35. McNeill, William H. (1963 [1991]) *The Rise of the West: A History of the Human Community*. Chicago: University of Chicago Press.

36. Mearsheimer, John (2006) "China's Unpeaceful Rise", *Current History*, 105(690):160-162.

37. Meisner, Maurice (1999) "China's Communist Revolution: A Half-century Perspective", *Current History*, 98(629): 243-248.

38. Needham, Joseph, et al. (1954) *Science and Civilisation in China,* Vol. 1. London:Cambridge University Press.

39. Nye, Joseph S. (2004) *Soft Power: The Means to Success in World Politics*. New York: PublicAffairs.

40. Paltiel, Jeremy (2005) "The Rise of China as a Challenge to International Relations Theory", a paper Prepared for delivery at International Studies Association

Honolulu, Hawaii, March 1-5, available at http://www.allacademic.com/meta/p70638_index.html.

41. Peck, James (1975) "Revolution Versus Modernization and Revisionism: A Two-Front Struggle", in Victor Nee and James Peck (eds) *China's Uninterrupted Revolution from 1840 to the Present*. New York: Random House.

42. Pye, Lucian W. (1990) "Erratic State, Frustrated Society", *Foreign Affairs* 69(4):56-74.

43. Qin, Yaqing (2007) "Why is There no Chinese International Relations Theory?", *International Relations of the Asia-Pacific*, 7(3): 313-340.

44. Ramo, Joshua C. (2004) *The Beijing Consensus*. London: the Foreign Policy Centre.

45. Ray, Jamee Lee (1998) "Does Democracy Cause Peace?" *Annual Review of Political Science*, 1: 27-46.

46. Shambaugh, David (2006) *Power Shift: China and Asia's New Dynamics*. Berkeley: University of California Press.

47. Tan, Chung (1996) "Towards a Holistic Understanding of Chinese History", *China Report*, 32(3): 233-249.

48. Weber, Max (1958) *The Protestant Ethic and the Spirit of Capitalism*. New York: Scribner's Press.

49. Wittfogel, Karl (1957) *Oriental Despotism: A Comparative Study of Total Power*.New Haven: Yale University Press.

50. Yan, Xuetong (2001) "The Rise of China in Chinese Eyes", *Journal of Contemporary China*, 10(26): 33–39.

51. Zakaria, Fareed (2006) "Does the Future Belong to China?" *Newsweek*, September 2.

52. Zakaria, Fareed (2007) "The Sky Isn't Falling in China", *Newsweek*, March 12.

53. Zheng, Bijian (2005) "China's 'Peaceful Rise' to Great-Power Status", *Foreign Affairs*, 84(5): 39-48.

第1章　东风不已：旨在未来的中国长征?

1. 引　言

本章旨在探讨资本主义世界体系框架下中国与西方核心国家之间的关系。因此，本文分析的角度和涉及的方法属于社会科学范畴，尤其聚焦于跨学科的国际政治经济学的研究领域。换句话说，强调经济的历史是为了定位在西方资本主义到来之前，“先进”中国与“落后”欧洲之间曾经的关系。不考虑西方资本主义现代化的二元历史进程和与以中国发展为例证的新兴经济体活力相形的当前相对衰弱，就试图解释中国社会自19世纪以来的低迷到现在崛起，是不可能的。

为了理解当代世界正在见证中的历程的重要意义，这里的分析包括一个对旨在解释西方资本主义发展轨迹作为普适模式而被效仿的现代化理论的讨论，由此看来，和中国优势相关的分析层面是，中国融入世界经济以及由此产生的结构性后果导致资本主义的可行性和层次秩序。

2. 历史经验的定位

自从“真正存在的社会主义”让位以来，东亚的演变成了社会科学和政治策略的一个首要关切之事。当然，如果曾经有过一个需求来反驳福山《历史的终结》中的论题——对这部分世界的看法，将足够使我们信服我们可能正在见证一个新的历史阶段的开始。换句话说，一个从西向东的经济活力中心的转变，或像被暗示的那样，是世界历史中的一次向常态的返回。

20世纪七八十年代，很多思想致力于塑造世界资本主义体系，这是因为日本作为领先的经济强国的出现，相伴随的是东亚新兴工业化国家的兴起。先不说日本经济仅次于美国的事实，这个挑战被成功地包含进了美国经济与金融战略。然而近年来，东亚在世界的未来地位问题已引起西方战略家们更多的关注。

这一问题的原因紧紧围绕着中国正在以及即将在世界经济和政治体系上产生的影响。由于这个国家的规模、人口和潜力，这种认识不仅仅是20世纪及21世纪的产物。在19世纪初期，拿破仑恐怕就已向世人发出一个有活力的中国具有的潜能，他指出：“中国是一个病弱的沉睡巨人。但当她醒来时，世界将为之颤抖。”据说他也曾建议，对先进的国家来说最好的办法就是“让中国沉睡”。

与西方资本主义列强的活力相形，19世纪刻板呈现的中国经济的形成处于休眠状态，这被描绘成是“贫血”的影响。这种假设归因于一种“东方主义”，它是西方思想中对于非欧洲的前资本主义的社会的鉴定。但事实上，在英国工业革命和19世纪中国“没落”之前，亚当·斯密已经意识到中国在欧洲前列循着类似的轨迹。据安德烈·贡德·弗兰克所论：

斯密……最后一个主要的（西方）社会理论家，他认为欧洲在国家财富的积累上是个“迟到者”。斯密在1776年：“中国是一个比欧洲任何地方都富裕得多的国家”。他没有前瞻到在这种对比中发生的任何变化，也没有意识到他的所写处于后来被称作“工业革命”的开端期。

欧洲启蒙运动的领袖人物，例如莱布尼茨、伏尔泰和魁奈等曾从中国社会和政治组织的许多方面发现灵感，这一点常常被人们遗忘。他们“依赖中国的道德教育，制度发展上的引导，以及支持他们所倡导的事业的证据，如仁慈的专制主义、精英制度及以农业为基础的国家经济”。中国社会经济结构的历史性成就和进步是理解东西方关系的必要因素。除此之外，这样的理解也为一个关键性的质疑作出了贡献，即所谓欧洲奇迹的欧洲中心主义的解释。在西方世界统治地位出现之前，亚洲是最庞大的人类繁衍中心。在欧亚交往的早期，据Donald Lach和Edwin van Kley创造性的《亚洲在欧洲形成中》说，“16世纪的欧洲人曾将日本和中国作为未来最大的希望”。中国在连续朝代演替下发展了一套管理经济资源和人口增长的政府行政体系。在世界大多数的国家政府设想出一个能够避免因饥荒造成的痛苦和死亡的政策之前，中国已经实现了政府采购、贮藏和分配粮食的战略，通过“常平仓贮”的方法来保护人们抵御可能出现的饥荒带来的毁灭性打击。

在清代，中国已经积极地开展了在农业发展、灌溉和水路粮食运输上的投资项目。中国城市中心比同时代的欧洲城市更为发达。主要城市的富裕程度和技术水平深深地震撼了许多第一次到中国来的欧洲游客。在科学发现和生产过程的应用领域，中国处在现代化的最前沿。三项弗朗西斯·培根称为改变世界的发明：造纸术、火药、指南针，都来自于中国。经历了漫长的滞后，它们传播到了欧洲和世界的其他地方。在不列颠以机械为基础的制造业发展之前，中国和印度是世界上两个最重要的制成品提供国。“在1750年，中国生产的制成品占世界总量的32.8%，印度（南亚的次大陆）占有24.5%，而如今发达国家一共只占27.0%的份额”。中国的生产者首创了把蚕茧变成丝绸制品的加工机械，并且使中国成为世界的主要供应者。所谓“丝绸之路”成为向欧洲和北非出口纺织品和瓷器的主要长途交易路线长达2000多年。从16世纪起，通过葡萄牙和西班牙商人在海洋交易路线上的扩展，中国经济和全球经济体系联系得更加紧密。

美洲和非洲的合作建立了世界范围的经济联系，而由此导致的积累过程是欧洲资本主义演变的关键因素。没有这些大洲和来自亚洲的产品作为资源，西方资本主义发展进程可能会有一个不同的轨迹。和传统的解释相反的是，工业资本主义不仅仅是一个本土的现象。从不同的角度看，亚当·斯密和卡尔·马克思都认识到这一历史性时期对世界发展的重要意义。在写于1776年的杰作《国富论》中，斯密写道：“美洲新大陆的发现和从好望角通往东印度的新航路的开辟是两个可以被载入人类史册的伟大事件。”

与他当代的追随者相反，亚当·斯密有些怀疑这些大事件将会给人类带来的利益和不幸。在写完工业革命所揭示的影响后，马克思和恩格斯更加明确了地理扩张带来的与其他大洲的经济联系对资本主义发展的国际分工的建立的重要性。（马克思和恩格斯更加明确了为了建立国际劳动力分工以此发展资本主义而与其他大洲在经济联系上进行地理扩张的重要性。）马克思和恩格斯认为：

美洲新大陆的发现，好望角航路的开发，为上升中的中产阶级寻找到了新的市场。东印度与中国市场，美洲殖民地，殖民地贸易，交易方式得多样化和商品得丰富，给商业、航海业，工业一个从未有过的推动，因而成为了步履维艰的封建社会中的革命元素，一次飞速的发展……美洲新大陆的发现为现代工业建立世界市场铺设了道路。

与历史的欧洲中心论相反的是，并没有充足的证据能够证明，直到这场较量的晚期，欧洲在于亚洲的关系中都处于劣势。贸易的均衡有利于中国与欧洲掩盖在美洲开采银矿而产生的赤字。像Bagchi指出的："……在美洲大陆发现两个世纪以来，欧洲没有能力与亚洲制造业争得一个平等的条款。"因此，无论是葡萄牙还是西班牙，这两个从美洲印第安人身上榨取巨大利益的国家，都没有能力侵犯大亚洲或者说是欧亚的奥斯曼土耳其帝国、中国、印度或波斯。

对于欧洲及其相关的非欧洲实体之间的发展对比，现代西方社会科学很难达成一致的意见。承认世界上除欧洲以外的地区可能曾经甚至更早具备比西方更先进的社会经济结构，对主流科学来说是一件困难的事。根据这一立场，欧洲在对其他文化领域的革新能力上所具备的内在优势，被认为是现在发达国家与非发达国家产生差别的原因（根据这一立场，现在发达国家与发展中国家的区别就在于欧洲人在其他文化领域的创新能力上的内在优势）。从这个角度思考，欧洲文明的"独特性"可以归因于欧洲文化的活力。但是，近年世界经济历史中的"欧洲中心论"被一些学者所质疑，他们的目标是解释在多样化的发展方式的背景下，欧洲和世界其他地区在时间与空间上产生差异的起源与顺序。记录表明，直到社会的发展被考虑在内，世界上两个人口最多的实体，中国和印度，发展程度和18世纪中期欧洲表现最好的地区一样。考虑到商品化、工艺生产和农业增长，中国、印度和日本并不落后于同时期的欧洲国家。除了英国和荷兰之外，早期现代欧洲与16到18世纪亚洲的主要地区在经济组织、财产权或文明社会等方面几乎没有区别，这表明"欧洲中心论”的历史学家已经事先因欧洲“命运”而把欧洲突显出来。

毫无疑问，如果没有美洲新大陆的发现和对当地以及非洲人口的征服，西欧的轨迹将全然不同。在经济领域，尤其是面对亚洲中心，新兴的欧洲正处在一个赶超的位置。甘蔗、棉花和烟草种植园的建立，伴随着从非洲进口的奴役劳动，对于欧洲资本主义发展至为关键。从美洲挖掘的大量稀有金属对西欧与东方国家之间的账目是必要的。用巴格奇的话说：“……国内生产中边缘殖民地在原始产品或技术优势上都不如在战场上直接赢得的优势。”根据这个观点，相对于西方列强而言，英国工业革命与对印度的征服和对中国的削弱，处于次要地位。

这里讨论的是西欧近来的发展在更大程度上来自欧洲以外地区的贡献，它们推动了欧洲资本积累的进程并且纠正了欧洲与亚洲贸易的不平衡。

3. 资本主义发展的概念化

在对“发展不平衡”进程这一问题的解释上，区分出了三个国际政治经济流派，它们对在过去的几个世纪里资本主义发展的解释各不相同。自由主义假设，在国家干涉尽可能少的情况下，市场关系引导了和谐社会的经济；经济民族主义认为晚期发展主要是一个工业化的政治方案，它保护国家经济，抵御早期开发者对世界市场的控制；依赖学派，作为马克思主义的一个分支，关注资本主义剩余价值的产生和分化；列宁主义——包含帝国主义的概念，把其他社会的剥削引入了资本主义概念化方面。①

忽略在分析资本主义时，马克思主义最为反体系主义这一事实，它也很难妥协于欧洲中心论的观点。这个困境反映在了描绘作为人类历史最完善的社会经济学结构的资本主义的基础性假设中。在1848年于伦敦发表的《共产主义宣言》中，对于扩展到世界其他地区的欧洲资本主义模式运作问题，马克思和恩格斯提出了一个存有疑问的见解：

① 相关不同角度的讨论，见《吉尔平》，1987。

廉价的商品是打垮中国壁垒的重炮，它让激烈固执的野蛮人怀着对外国人的恨意投降。它迫使所有的国家，以违则灭绝的代价，来接受生产的中产阶级模式。它强迫他们引入称之为文明化的东西，来使他们自己成为中产阶级。简而言之，它以自己的形象制造了一个新世界。

一种假设认为，资本主义生产的竞争优势是欧洲奇迹成为不言自明的欧洲马克思主义背后暗含的原因。尽管马克思和恩格斯已经实际上认识到，资本主义比纯粹的经济机制的功效更成功。他们认识到，军事力量的使用有助于瓦解反对欧洲资本主义扩张的力量。在1853年发表的《纽约每日论坛》的一篇文章中，马克思论及了鸦片战争，借此英国打破了中国为了避免贸易中的劣势而对从英国进口鸦片进行的限制，也沉重打击了中国社会。马克思评论道：

直到1830年，贸易中的平衡一直倾向于中国，印度、英国与美国的白银一直流向中国。自从1833年，尤其是从1840年开始，白银从中国向印度的流出使这个天朝上国精疲力竭了。

这一论述被新马克思主义所利用，尤其是在依赖学派那里，来描述欧洲日益上升的霸权地位，包括了非欧洲社会结构对这一进程的贡献。在这个方面，西班牙与葡萄牙人对美洲的征服，在发现新世界之后，导致了利用非洲奴隶劳动的甘蔗、棉花和烟草的种植园的建立。这和从美洲开采白银这样的稀有金属的流动一起，成为西欧与亚洲贸易赤字的关键。对于这种财富流动的控制，成为世界主要霸权国家争论的来源。来自于这种三角贸易模式的资本积累对欧洲资本主义的社会过渡和后来的发展具有十分重要的作用。用巴格奇的话说："殖民主义扮演的角色并不会随着欧洲商业资本阶段的结束而终止。最终征服印度，并开始把中国在与欧洲力量的较量中削弱到从属地位，是使英国的工业革命的进程简化的重要因素。"因此我们可以认为，欧洲工业资本主义的另一面就是遏制亚洲的工业化进程。通过保护自己以印度棉花为原料的纺织业，英国贸易政策保护了本国的棉花工厂并且使它们能够躲避竞争而得到发展。直到18世纪末，纺织品进口的关税才被取消。不仅如此，在英国制定的规则下，印度国内生产商遭受了反面歧视：他们被强制支付的出口关税比英国进口的关税更高。“印度成为了英国棉花制造厂商品的最大消费国，这使在很长一段时间内，英国保持了最大的工业雇佣人数。”

中国在第一次鸦片战争（1839—1842年）后也被强加了类似的命运。在19世纪的转折期，西方进口中国的丝绸、瓷器和茶叶。而与此相反的是，中国多样化的经济并不寻求从西方进口商品。以英国为首的西方国家，就像上面所提到的，十分渴望纠正由于白银流出而造成的收支逆差。通过强制中国进口鸦片，英国使白银得到回流，其在商业上的扩张开始依赖这种贸易关系：“尽管发动第一次鸦片战争是为了打破中国对鸦片贸易的禁令，但英国也希望借此打开中国对西方贸易的大门，并且使中国在贸易上接受他们。”伴随欧洲资本主义扩张产生的国际劳工部门是这一时期建立的贸易模式所产生的结果。欧洲殖民地除了它所具有的战略上的价值，也变成了北大西洋地区工业化进程所生产的产品的重要消费者，“因此殖民地对于使欧洲在第一个轴心时代发生分裂起到了十分关键的作用，并且它使殖民者的殖民范围扩展到了世界的其他地区。”

至于中国，英国在鸦片战争中的胜利与中国自身严重的内在危机交织在一起，西方经济扩张又使这一危机更加深重。与之前能够被这个国家所吸收的入侵者相比，西方国家不仅有先进的武器，并且能够释放出在工业革命中掌握的力量，这种力量能通过军事力量与经济方式的结合来破坏中国自给自足的小农经济，并且使他们的工业化也能和传统的文化与价值观一样得到发展。

欧洲资本主义的发展，使欧洲能扩张到世界其他地区，与相对发展较迟缓的亚洲相比具有矛盾性，亚洲直到19世纪都具有领先优势的这一地位发生了颠覆。换句话说，在与东方和南亚的关系中，西方曾经是落后的。这一观察符合经济活动和社会组织的水平。关于想要将欧洲中心社会科学所处现的异常概念化的意图，并未能成功地削减这种误解。这一问题十分重要，并且关系到理解当代世界不同部分的革命。这种被描绘为欧洲资本主义的崛起与亚洲社会经济机构的衰落的轨道的分歧，在现在仍然需要讨论和解释。

但是，有证据显示，18世纪的欧洲社会科学家很清楚中国与欧洲相比的优势地位。当1776年亚当·斯密提出“中国比欧洲的任何部分都要富有”时，他是在与大卫·休谟所言的欧洲相对并不发达的观点呼应。不过，工业革命之后，一个对欧洲优势的新理解开始在科学界占据主导，依附理论随之建立。弗兰克如此论述：

> 工业革命的到来和对亚洲殖民的开始影响到了欧洲人思想的重塑，如果说不是去“创造”历史，那么至少是创造一个在欧洲启蒙和指导下的虚假的普遍性。接着在19世纪后半叶，不仅世界历史被重新改写了，并且“普遍的”社会“科学”诞生了，不仅是一个欧洲，更是一种“欧洲中心”的创造。

资料和示例将关注的焦点转移到了对人类进化史上资本主义发展目的论的假设上。因此，用关于非欧洲的社会结构来解答这一问题，成为了一种他们对停滞的内在倾向的概念化，并且专注于一种条件，使资本主义社会关系活力的出现能够得到避免。这一思考方式背后的基础性的假设，是资本主义更符合人性。这一论点发源于亚当·斯密经常引用的格言，把劳工部门看作一个“人性中必然的倾向……交换、交易，以物易物……”的不可避免的结果。

如果这个自由主义的观点适用于世界历史，那么，就更需要一个解释来说明为什么现代世界的资本主义经济出现在欧洲而不是其他社会形式中。理论这样阐释，资本主义作为一种独有的欧洲现象为“欧洲中心论”的建立作出贡献，而这一理论的基本信条是这些是源于欧洲自身内部产生的历史条件。含蓄并且清楚地说，这一途径和方法赋予了后来欧洲对其他文化和文明的政策策略以合法性。关于非欧洲国家，生物学和暗含的种族歧视是一种解释，人口统计学、环境和气候、理性、技术、社会制度，包括领土、宗教、大学等都被用来构造一种意识形态决定论。① 东西方国家之间存在基本分歧，不同民族和社会的构成也各不相同，而“欧洲中心主义论”仍然为世界上其他国家规划了一条分阶段的社会发展道路，以便让它们能够借此复制欧洲的经验。正如历史社会学家巴灵顿·摩尔所说：“就在不久的过去，还有很多聪明的思想家认为只有一条路能通向现代化的工业社会。”

---

① 关于神话关键性的讨论隐藏在“欧洲中心主义”之后，见Blaut，1992。

4. 发达的欧洲，落后的亚洲！

两个涉及封建主义到资本主义过渡的解释在社会科学领域中十分突出，它们是：1. 亚细亚生产模式；2. 在欧洲过渡中文化层面的重要性。前者偏向于环保唯物主义，后者侧重于文化主义解释。

1. 关于第一种，18世纪到达亚洲的旅行家们，譬如医师佛朗索瓦·伯尼尔和政治思想家布兰维利耶以及孟德斯鸠，他们将这些国度描绘成政治独裁的中心。为了和欧洲进行对比，这些社会形态被描述成要依靠奴隶制度而存在，并且被刻画成不存在私有财产，因为统治者完全控制了整个国度。[①] 亚细亚生产模式内涵中有趣的一点是它似乎符合唯物论结构中所涉及的马克思主义社会分析法，这种分析法将自然环境和气候条件与政治组织的形成相结合。

在最后的分析中，在西方出现的对前资本主义的亚洲社会的解释基于一个观念，这种观念将这些社会的形成置于一种相较于欧洲封建制度来说更为低下的地位。布劳特如是说："这个理论有许多版本，它们各自有为人所知的不同名称。其中就有'亚细亚生产模式'，'液压型社会'，'东方独裁'。这个概念不全等同于这样一个看上去将环境决定论和科技的发展水平隔绝起来的范围。尽管如此，以进化论的观点来看，灌溉为主的（液压型）社会构成因为其专横的政府结构和官僚制度而被视为将限制发展。根据这个理论，这种社会组成形式是直接与对应环境和天气的调整需求相关联的，这种需求使灌溉变得不可或缺。"因此，对于河谷文明，从埃及到中国，"东方专制主义"这样的认同在19世纪是十分普遍的。

从进化论角度看，这些类型的社会被认为在他们通向资本主义的过程中受到了阻碍。这是19世纪科学社会的主要范式。欧洲资本主义的社会经济模式决定了对其他类型社会的分析水平和手段，紧随其后起作用的是工业革命和对科学的广泛运用，以及关于变革的政治哲学和从法国大革命中所获得的

---

① 关于向资本主义过渡问题的关键性讨论，见Hersh，1977。

进步观念。正如提奥多·沙宁指出，在社会科学家中对于相关方法论有着共识："最为中心的就是进化论——那个时代的首要模式，和达尔文的理论同样著名的还有斯宾塞的哲学理论，康德的实证主义理论以及傅立叶与圣西门的社会主义理论。进化论，实质上是对异质性和变化的问题的组合解决方法。"基本上，将结构必须性发展假定为通向现代化和进步的道路，发现那些对形式上、物质上、生物学上以及社会学上的差异所要经历的不同阶段的秩序和解释是科学方法的使命。在这样的视角下，变化被看作现实的一个必要组成部分，另一方面，根据沙宁"分阶段的发展同时也意味着对一个更适宜人类居住的世界甚至是对绝对精神和上帝本身的一种普遍和必要的提升"，它反映出一种对于莫须有的乐观主义以及单线发展的决定论的叙述。

尽管马克思似乎在他对文明历史的概要划分（社会发展经历奴隶社会、原始社会、封建社会和资本主义社会的象征论）中，在某种程度上默认了进化论，但他已不再执迷于进化论计划中的还原主义。在沙宁看来，马克思对封建制度在欧洲的形态和在亚洲类似于前资本主义的形态的区别所持的姿态是一种为定义欧洲资本主义浪潮的背景而做出的尝试。"结果是早在1853年马克思就思考出并开始使用还原主义的代名词，即东方专制主义和亚细亚生产模式的概念，来作为重大的理论补充和对单线解释的替代。"

这样的解释忽视了马克思和恩格斯都是他们时代的产物这样一个事实，这意味着他们都受到了当时流行的社会学理论的影响，并且反对这些理论。再者，除了从新闻媒体那里得到的一些知识，他们对欧洲以外的世界知之甚少。结果导致他们并没有真正质疑当时的主流观点，这种观点认为东方世界是专制的，且在历史上是停滞不前的。但是他们的立场并不是基于文化主义的方法，而是基于将自然环境当作社会形态的决定性因素的考虑。正如布劳特所说："……他们对于欧洲社会理论的怀疑以及他们精英主义的基础，使他们受亚洲专制主义和停滞不前的通常解释的影响。亚洲人并不比欧洲人更缺乏理性，也不缺乏抗争经济扩张的意愿。"亚细亚生产模式的理论是由马克思和恩格斯共同修正的，同时也是被后者在其后期的著作中彻底否定的。卡尔·马克思并不仅是一个分析现实的完全的社会科学家，而是一个想要改变现实的人。在有关中国和欧洲的革命的文章中，他提及的两个构想在半个世纪后构成了各种各样的马克思—帝国主义理论的核心。一方面，欧洲资本主义的发展和它在全球范围内的扩张创造了一个单一的世界经济体系，另一方面，这些卓有成效的剧变也将影响欧洲自身的变革。

国家社会主义在苏联建立后，“亚细亚生产模式”的概念从苏联控制的社会科学领域消失了。但是，在冷战达到顶峰时期，一个前任共产国际研究亚洲事务的专家重提了这个概念。卡尔·魏特夫在他的《东方专制主义》一书中，不仅复兴了“亚细亚生产模式”的概念，而且精心完成了他的观点，他维持了通向资本主义现代化的运动只出现在封建社会（比如在欧洲和日本），同时亚洲社会形态不能适应现代形式的转变的观点。他这样说道：“液压社会是社会停滞不前的典型范例。”如前所述，这种情形事先决定了国家社会主义形态中的政治集权主义，尤其是在苏联和中国。

2. 对于欧洲发达和亚洲落后的文化主义解释大部分来自于德国社会学家马克思·韦伯。根据他对世界历史的解释，尤其是对欧洲资本主义发展的解释，这种现象出现的主要原因要归于文化领域，特别是宗教领域。这一论题在1905年出版的《新教伦理与资本主义精神》一书中得以清晰表达。在纪念该书出版100周年时，弗朗西斯·福山将其称为“有史以来最为著名的社会学巨著”。在他看来，马克思主义社会学是基于社会模式的唯物论解释，而韦伯将重点放在他认为最为重要的元素——文化背景上，福山系统地阐述了两者的区别：“这是一本达到卡尔·马克思主义巅峰的书，在韦伯看来，宗教（马克思将其称为大众的精神鸦片）并不是一种由经济利益催生的意识形态；而是使当代资本主义变为可能的东西。”

韦伯理解“先进的”欧洲资本主义与不发达的亚洲之间的巨大分歧的切入点在于两种文化背景的不同。欧洲人理性的演变被视为导致了一种“经济伦理”的出现，一套出现在与新教有关的领域的价值观、愿望和逻辑思维过程——培育，最终而言，也就是资本主义。不过，在这种解释的相反观点看来，它被认为，无论是欧洲资本主义或假定的亚洲的落后都不能通过专门的宗教途径来解释。正如布劳特所说：“韦伯并不是像有些人所认为的那样狭义地以宗教层面解释资本主义和现代化，他并没有援引宗教来解释所谓亚洲人的传统主义的许多方面，但是在这里太过于原始的非理性被视为一种底层的宗教（他写道，例如印度人和中国人的‘神奇的传统主义’）。”

欧洲人固有的理性主义思想已经在传统的社会科学中占据了一个不言自

明的位置，比如对过去分析以及现代化理论的历史，这一思想将资本主义发展当作是应该被学习的榜样。当一个人在对中国和日本的经济史进行研究时考虑到了这个事实，就会产生一种从文化主义角度出发的严厉批判，马克思·韦伯总结认为这些国家被谴责为落后是因为它们缺乏新教伦理。当被应用于分析过去和现在的东亚时，文化主义的方法大相径庭。这些国家的不发达先前被归因于它们的文化背景；这些人看上去并不了解在东亚新兴工业化国家出现的与之前相矛盾的现象，它们同样也被归因于有一种共同的文化遗产，那就是佛教思想、儒教伦理与传统经济上的强大国家干涉主义的结合。过去被认为造成这些社会贫困落后的因素现在完全颠倒，并被提出作为对这些国家物力论的解释。这种理论的弹性破坏了作为参与发展主要因素的文化主义的解释价值。

在对不同类型的社会进行比较性研究时，根据现有条件尝试制定一种对发展的理解是必要的。也许用于分析的概念工具是在欧洲文化领域中发展起来这一事实会削弱它们在对不同背景的社会的分析中的应用。从这个角度来看，贡德·弗兰克对一些伟大社会科学家的批判，即认为他们在西方领域之外没有把具体的社会安排列入，这一观点具有一定的有效性。这可能是因为缺乏对正在进行研究的具体案例的了解，也可能是想使之与众不同，正如通论：当你手中有一把锤子时，会倾向于看见到处都是钉子！当写到经济学方面的“锤子”时，罗伯特·海尔布隆纳在此指出“……经济学被认为与对资本主义的研究完全相似……认为它适用于一个不具备资本主义独有特点的社会只会减弱它本能够照亮社会的能力”。言外之意，即经济学既与狩猎或采集社会的研究无关，又不能被用于譬如王国、帝国、封建社会、指令社会或自封的社会主义这一类非资本主义层次的社会秩序。对于欧洲中心主义社会科学的批判十分正确，因为它尝试将欧洲的经验作为分析过去和将来的社会形态的起点。人类学家丹尼尔·索纳给出了如下的话：

从我们的角度看来，中世纪中期的欧洲封建主义可以被视作体现了小农经济的特殊形式。尝试着把所有的小农经济视作一种特殊形式的变化是一无所获的。是时候将欧洲的经验视作世界历史的派生物而不是将世界历史挤入西欧类别。

5. 政治进程的发展

主流欧洲中心主义发展的学问的根本缺陷不是它没有给予核心国家和所谓的外围国家之间关系在国际层面上应有的重要性。尽管欧洲国家的经验已经被当作范式提供给了非欧洲国家，但现代化传统的理论主题忽视了这种关系的性质。换言之，对于西方资本主义本身已经成为非欧洲国家资本主义发展的阻力这一现象还缺乏认识。鉴于欧洲资本主义演变为帝国主义，这一建议已不再显得天真。显然可以认为发展和国际关系的概念化需要一种包含所涉及流程的各个方面的方法。[①]

和亚洲其他国家一样，中国在19世纪成了帝国主义列强之间竞争的牺牲品。当这些国家的政治家们把帝国主义威胁视作变革的契机时，这种威胁实际上促进了这些国家国内革命的发展。换句话说，中国被西欧列强所控制、美国在东亚事务崭露头角促使了这一地区民族经济的发展和反帝情绪的高涨。以日本为例，日本国内封建制度的危机和佩里叩关而强行打开国门这一事件导致了1868年的明治维新[②]。由此产生的封建商人阶级的联合推动了封建制度的衰落和工业资本主义的兴起，这种经济制度有着强烈的国家干预色彩。在封建主义向资本主义的过渡中，日本实行的工业战略、贸易保护主义政策和国家干预制度是资本主义发展阶段的典型特征。

在20世纪后半叶，日本模式产生了多种变型，并在东亚的新兴工业化国家（NICs）得到了应用。当看到世界体系中的后起资本主义国家（例如美国和德国）所树立的成功典范后，日本精英阶层意识到经济发展并不像当代英国“世界性的”自由主义政治经济学所宣称的那样是市场机制的简单应用，后起的工业化水平国家需要有对尚处于初始阶段的工业的保护政策，以此来

① 通过将发展和国际关系的不同方面相组合，国际政治经济似乎具有最适宜的方法来打破自现代资本主义国家诞生以来便存在的社会科学领域中的“分隔”，见Strange，1970。

② 在通常的英语翻译中，把日语中的“ishin”翻译成restoration在一定程度上是不准确的，revonation应该是更准确的翻译。J.A.A.Stockwin认为：“考虑到日本人随后经历的全面彻底的社会变化，这些变化可以很好的被认为是具有革命性的”。(Stockwin,1999:14)

保证其可以与已达到一定工业化的国家相竞争。对于后发展者来说，自由贸易的实质是严重的贸易保护主义。德国政治经济学家弗雷德里希·李斯特认为，英国在取得世界霸权前对其国内的纺织业采取贸易保护主义政策以应对来自印度棉花和丝绸的挑战，之后却在全球范围内推行自由贸易政策，这一做法是虚伪的。

日本实行发展战略的一个重要动机是可以使日本精英阶层近距离地观察到西方帝国主义对中国的影响。资本主义赶超计划变成了对如何保护日本免受外国支配和如何避免降临在中国的命运在日本发生的担忧所取代。在经历了与世界经济相隔绝的一段喘息时期后，后起资本主义社会的政治精英们重新加入到了资本主义世界体系中，并且通过竞争从国际分工中获取利润。因此，与反对资本主义大不相同的是，他们事实上给了资本主义前所未有的推动力，这种推动力被包含在马克思主义的“不均衡发展”理论中。先发和后起资本主义国家之间的关系导致对现存等级秩序的挑战和资本主义体系中霸权地位的变化。20世纪的两次世界大战可以被理解为是帝国主义势力和新兴力量之间激烈斗争的结果。在东亚，日本为征服亚洲而挑起二战的企图也可以被解释为日本企图控制这一地区并且将西方殖民势力排除在外。在二战中，日本与美国利益的冲突导致了太平洋战争的爆发。

中国国内政治的进程与发生在东亚的一系列地缘政治局势的演变不无关系。当西方帝国主义势力在这一地区出现时，中国与世界的隔绝态势也即将结束。社会是不断发展的，中国的政治情况也正在发生巨大变化。统治阶层普遍的腐败、行政部门职能的弱化、农民起义的爆发和大量公众工程的失败是中国在19世纪的典型特征。鸦片战争后帝国主义列强的侵略加速了中国社会的崩溃瓦解，具体表现是不断增多的吸毒人数、走私活动和贪污腐败。清政府的统治开始日益走向衰落。农民起义在18世纪末就开始以分散的形式爆发，1850年至1870年的太平天国运动将其推向顶峰。

虽然农民起义在中国两千年的封建史中时有发生，但是太平天国运动却不同于之前的历次运动。关于西方力量在世界体系中处于相对优势的思想已经渗透进了中国的民间社会并且催生了革命意识。太平天国运动是一次对儒教意识形态霸权的反抗。在西方势力的帮助下，清政府镇压了运动，但这却使中国国力日益衰落，并且随后被迫卷入了包括中日甲午战争（1894—1895

年）等一系列战争中。当清政府与西方势力联手时，西方也从清政府苟延残喘的统治中获得了利益。此外，一场在传统儒家士大夫之间发起的关于应该如何应对帝国主义列强挑战的讨论正在进行着。中国在西方资本主义体系中经历了被侵略后，却依靠外部势力而获得发展的这一现实，实际上产生了两种截然不同的局面。帝国主义势力通过扶持反对变革和民族资本主义发展的政治保守派来攫取在华利益。就像Nee和Peck说的："促进了中国社会经济发展的帝国主义实际上催生了新的团体和社会力量，这些团体和力量虽然对保证帝国主义在华的不断渗透是十分必要的，但同时它们也是日益高涨的反帝力量的形成基础。"

20世纪初期，中国由于帝国主义（包括日本）的侵略而沦为半殖民地社会。不平等条约的签订使清政府所扮演的管理统治的角色逐渐衰落。在1900年的义和团反帝运动后，有种恐惧开始在中国人心中蔓延，他们担心国家被分裂和自己变成亡国奴。与此同时，一种新的政治思想出现了，它关注的是建立一个现代化的中央集权国家来应对帝国主义的挑战和促进中国的重建。虽然在政治团体中就是否支持社会剧烈变革的举动存在着争论和分歧，但是能达成的共识是——把西方和日本作为学习和模仿的对象，即中国的近代化应该按照西方资本主义的模式来建立。对于改革者来说，困境却是："如何在既学习利用西方资本主义的改革方法和意识形态的同时，也能够使国家摆脱外来统治，获得独立自由？"

这也是所有与中国一样的后来者都面临的困境。这样看来，对于中国来说，日本模式比西方模式更有借鉴意义。然而，即使在中国建立了共和政体后，也没有任何团体或阶层有能力建立一个强有力的国家来抵御帝国主义侵略和重获独立，以带领中国实现社会变革，这与日本明治维新的情况相似。军阀混战、日本军国主义的侵略占领使辛亥革命的成果和共和制瓦解。第一次世界大战后的和平时期对中国的政治变革产生了影响。新一代知识分子和民族激进主义者对凡尔赛会议的结果感到失望——作为惩罚，德国在中国胶东半岛的特权被授予给了日本，因为日本在一战中属于胜利的协约国一方。这被视为是对中国国家主权的出卖。对于很多中国人来说，这个结果揭示了威尔逊总统理想主义的空洞虚无和西方民主制度的虚伪。这次事件和俄国十月革命对中国新一代民族主义者和共产主义者的形成产生了重大影响。"五四运动”掀起的大规模的反对帝国主义的民族主义浪潮最终导致了政治动荡，即工人罢工示威、骚乱和全国性的联合抵制活动。“五四运动”成为中国历史的转折点并且影响了这个国家的未来进程，运动中激进分子的成功意味着将民族复兴的问题摆上了政治议程。

国民党中的民族主义者和共产党都参加了这次运动，但是他们在抗击日本侵略和建立独立的国民经济的问题上却无法取得联合。尽管这样，中国在抗日战争中的胜利、中国共产党在解放战争中战胜国民党的事实开启了中国现代化的道路。当毛泽东在天安门广场宣告“中国人民站起来”①时，实际上是在向全世界宣告新中国的诞生，这也许印证了拿破仑那句有关中国是沉睡的巨人的名言。共产主义的胜利改变了世界政治格局。在世界上很多地方，蒋介石领导下的国民党夺取全国政权的失败被看作是美国的失败，这也影响了之后几十年的中美关系。

中国共产党执政后面临的难题是如何协调促进国内经济发展和在冷战大背景下发展对外贸易关系。矛盾的是，中国实施的以自我为中心发展战略的实质是民族主义经济模式的变体，它包括国内资源的调动和与资本主义经济世界的隔绝。与此同时，中国和苏联等一些社会主义国家的结盟使得西方资本主义被击败的可能性增加了。1957年11月7日，即在苏联访问期间，毛泽东在莫斯科向一些中国学生做了讲话，他预测西方对世界的统治将走到尽头。在他看来，两种不同社会制度的斗争正在向着有利于社会主义的方向发展。毛泽东就说过:“在社会主义阵营和资本主义阵营的斗争中，将不再是西方压过东方，而是东方胜过西方。”

然而我们知道，国际共产主义运动并没有完成。所有社会主义国家都将重心放在了国家利益上。考虑到中国潜在和真实的国家实力，苏联并不放心在中华人民共和国的名义下，中国的独立斗争达到高潮。值得一提的是，苏联曾在抗日战争中支持蒋介石政府。就中国共产党内部情况来说，它并不是铁板一块，以毛泽东为代表的左派致力于社会主义建设，然而另一派却计划了一个旨在确立中国在世界经济秩序核心地位的赶超计划，两派政治力量都

① 这是毛泽东在1949年9月21日召开的中国人民政治协商会议第一次全体会议上所做演讲的标题。详见 http://www.international .ucla.edu/eas/documents/mao490921.htm。

各有支持者。这两种力量同时存在的情形在无产阶级文化大革命时被打破。毛泽东发动这场运动的最主要目的是清除所谓的“走资本主义道路的当权派”和组织调动起年轻人。作为对马克思主义的机械化理解，左派认为社会主义不是生产力发展进步的结果，而是在两种阶级之间持续不断的斗争。

在一个历史大背景中看，中国社会主义建设的成功影响了东亚的历史进程，这反过来也对中国共产党内部的政治斗争产生了影响。这一点对在世界范围内去理解现在和将来的力量格局来说十分重要。现在已经有很多分析所谓东亚奇迹的著作出版。其主要内容是一种鉴于社会主义理念在亚洲社会主义国家之外的传播所体现出的担忧促进了新兴工业国的工业化和日本经济的重建。美国认可了东亚在社会改革和经济发展方面的巨大变化，这对该地区之后的发展是有促进作用的。此外，美国还针对这些国家的出口开放了国内市场，其目的是孤立中国，该政策与美国对拉丁美洲的政策截然不同。

共产党内部政治斗争和苏联对中国共产主义事业敌意的与日俱增导致了1969年两国的边境军事冲突。这场冲突加上之后美国深陷越战泥潭的因素，使中国共产党党内主张走现代化道路的集团逐渐认识到中国经济与新兴工业国（尤其是韩国和台湾地区）相比是十分薄弱的。文化大革命（发起的目的旨在消除党内极右势力）的失败导致了党内左翼力量的衰落。在毛泽东去世后，一条曾经由新型工业化国家走过的强制执行的集权现代化道路打开了。这翻开了中国历史崭新的一页，并且影响了世界。前任美国大使查尔斯·弗里曼描述了后毛泽东时代的领导层是如何影响了中国的进程：

> 1981年夏末，邓小平曾和我提到如果要描述20世纪历史的话，那么毛泽东领导的革命应该被描述成是1978年开始的改革开放的前奏。但是邓小平明确指出他自己的改革是在方法论领域的改革，而不是要改变国家制度。

按照这段论述，改革开放被认为是在共产党内部左派力量消除和实行社会主义市场经济之前的改革，它远离了毛泽东时代的那套生搬硬套苏联经验的社会主义。这一变化在一定程度上是由于中国民众对发展经济的期待和中美关系的重新调整。从遏制苏联力量的共同需要出发，尼克松和毛泽东在北京举行了会晤，这两位举足轻重的政治家都认识到消除中美两国的对抗状态将使双方都获益。正如伊曼纽尔·沃勒斯坦写到的："美国寻求能够控制中国，将中国带出毛泽东时代的束缚体制，使其参与到资本主义世界市场中。而中国渴望购买技术、发展贸易，并且一直希望增强经济军事实力，变成超级大国。"换言之，尼克松和毛泽东虽然表面合作，但在心里都有各自的打算！

随着中国世界经济地位的上升和另一方面美国在国家等级系统中霸权地位的相对衰弱，这些都在世界经济中影响中美关系的变化。地缘经济学和地缘政治学或许正在以一种现在还未预见的方式相集中，体现在经济上就是在中国基于放开市场影响力所产生的改革却受到同时期世界地缘经济学领域中改变的影响。

对于中国经济来说，新自由主义的全球化为出口主导型的经济增长提供了更多的机会，而这正是对中国有利的。正如大卫·哈维写道："1980年以后中国作为一股全球经济力量引人注目地出现，部分上是新自由主义在发达资本主义世界中占有一席之地所造成的未曾想到的后果。"毛泽东之后的领导阶层绝不会想到，中国现在成为美国债务的债权国，国际直接投资的接受国，以及一个重要的国际市场行为主体，不仅以主要廉价成品输出国和原材料输入国的身份，而且以全球环境污染者以及其他身份。不仅主流经济发展进程中的新自由主义趋势为中国经济的飞速发展提供了可能，而且中国融入世界范围内的生产分工反过来使得资本主义发展这一阶段的资本积累成为可能。正如李敏祺的表述："中国向资本主义的过渡在世界新自由主义的成功中扮演了重要角色。"而在国内，中国经济的发展导致了地区和阶级之间的不平衡。中国的政治领导阶层所面临的国内困境是找到解决现行增长模式所带来负面影响的方案。虽然中国确实拥有巨大的国内潜在市场，但是出口主导型的经济却依赖于与国际经济的接轨。而政治领导团体解决这一矛盾的方式将会产生世界范围内的影响。正如经济学家安德鲁·格林表明："不会有什么可以阻碍中国按照现行的路线继续发展。如果中国确实做到了，那么适应世界生产和贸易结构的变化过程中产生的问题将会相应地严重化。"另一方面，中国解决其特殊资本主义发展模式（基于高出口差额和高储蓄率，即消费不足）所带来的国内矛盾的失败结果，将会导致世界范围内的后果。任何一种结果都必定影响世界体系的运作。这样的赌注，不仅对东亚地区，而且对美国都十分高昂。相互关联的问题群被一个菲律宾经济学家以如下的方式确切地阐述：

“总的来说全球经济容纳了新兴工业化国家，但中国经济的全面工业化势必会破坏世界力量的平衡。如果中国失败并陷入混乱，那么世界将必须应对那时的可怕局面。无论如何，将只会是有龙（意指中国），而不是亚洲四小龙（新加坡，韩国，台湾，香港），也不会是日本以及美国来决定太平洋边缘地区的未来。”

中国在国内外的发展都不是凭空出现的。无论是否与中国有关，世界正经历的混乱都与美国的霸权危机以及世界多极化格局的产生相关。无论刻意与否，中国已成为促进正处于孕育阶段新秩序形成的主导行为体。中国的规模和经济地位无疑是最重要的因素。当中国在2001年被世贸组织接纳时，中国被认为是世界第四大经济体。另外，据统计，假设中国保持其发展势头，它将超过美国成为世界第一经济强国。这将难免产生地缘政治方面的重大后果。

关于事态的现实是中国已成为世界政治经济中不可或缺的国家。正如法国报纸2009年6月30《法国世界报》上的一篇社论所说：“中国是现在唯一处于三种背景下的国家：G2（美国，中国），G4（巴西，俄罗斯，印度，中国），G20（8个工业化最发达的国家和新兴的强国）。缺少了中国什么也做不了。”随着中国成为核心国家，这种地位上的提升势必会影响世界等级秩序系统，尤其会威胁美国的领导地位。假设美国在地缘经济和地缘政治方面地位的相对下降继续下去，那么重要问题是这种转变将会是和平的还是武力的。近些年来美国唯一保留下来的强大优势是它的军事力量。然而，即使这张牌也在应对诸如伊拉克和阿富汗战争这样的不对称战争中暴露出它的局限。历史证实，正如帝国主义理论中世界体系分析和现实主义部分所表述的，对于世界强国霸权地位的挑战会导致冲突。

根据美国智库的分析，中国的崛起被认为是战略上的威胁。然而，被忽略的是美国正卷入伊拉克和阿富汗的冲突之中。早在20世纪90年代初，颇具影响力的政治科学家塞缪尔·亨廷顿在他的著作《文明的冲突与世界秩序的重建》中警告说中国和伊斯兰国家的联合将会潜在地威胁西方的总体利益、价值观和实力。当时在接受《一周新闻》的采访时，在标题《小心中国》下，亨廷顿含蓄地否认他的文化观是将来冲突的推动力，宣称：“历史表明当国家快速工业化时，他们趋向于变得更加坚定而自信——中国人曾感到失去尊严，所以自然而然地他们想重获他们在世界上的应有地位，并且那将产生不稳定的后果。”

现实主义传统的范围内，在美国政治科学家之中出现了两个关于将来中美关系的有趣观点。在发生于期刊《对外政策》上的对峙中，米尔斯海默和布热津斯基提出了两种不同的方法。前者认为在讨论中我们拥有的唯一分析工具就是理论，因为“我们不知道在2025年政治方面的现实将会如何”。将自己的理论建立在中国于将来成为军事强国的基础上，米尔斯海默指出从理论上看中国有可能“将美国排除出亚洲，就像以前美国将西方强国排除出西半球。我们应该预料到中国会构想出自己的门罗主义，就像日本在20世纪30年代的所作所为”。将中国的崛起概念化为有损美国利益的基础上，他预见借此在将来美国将试图“抑制中国并最终将它削弱到再也不可能统治亚洲的地步……”就像在冷战中美国对苏联所采取的措施。

相反，布热津斯基认为具体的事实优先于理论，主张国际关系的分析具有追溯效力。在他看来，核武器已经改变了强权政治，并且就像在对苏关系的例子中，它也防止了超级强国之间的直接冲突。与亨廷顿相比不同的是，他发现“中国似乎比以前追求强国地位的许多国家更机动应变和精练老道”。尽管米尔斯海默声称中国正在增长的经济力量将会转化为与美国的利益相冲突的政治军事力量，另一方面，布热津斯基主张中国对于经济持续增长的追求未必会与美国产生冲突。布热津斯基似乎想要表述的是，这种经济主义方法的缺点，是其忽略了如下事实：未来的世界将以对市场、资本和原材料日趋强烈的争夺为特点。

尽管美国战略家在讨论中国的崛起是否会导致两国的冲突，他们的中国同僚却在争论美国是否会“允许”中国的崛起及相应后果发生。官方决策圈为了维持良好中美关系的表象，试图掩饰两国间现存的争论点和冲突。这种被中国对外关系领域中的精英所追捧的策略，建立在崛起的中国成为最大的、非对称的超级大国的料想之上。当中国加强其世界经济利益并因此维持着国家主权的威斯特伐利亚体系时，这种理论转化为以其发展模式的例子为基础的对外政策模式。中国维护其多极格局的做法明显与美国的理论相对立，美国所追求的是创造一个美国所主导的充斥着不对等主权地位却以民主、新自由主义的说道为基础的后现代国家制度。[1]

中国理论方面考虑背后的主导原则似乎是基于鸦片战争给其带来羞辱的历史经历，并以爱国主义为特征。政策以爱国主义为中心，试图调动全体人民且促进经济增长，以此来给予其自身意识形态上的合法性。

同时，中国的外交决策者正构想新的世界秩序。这些在1997年召开的一次东南亚国家会议中提出的所谓的“新安全概念”中被概念化，并在2004年被胡锦涛主席公开签署。它包括“四不”而且无疑是一个支持世界格局多极化的文件：没有霸权主义，没有大国政治，不结盟和没有军备竞赛。同时，在中国的学术界出现了一种在和谐基础上构想中美关系的趋势。基于将现实主义作为一种分析工具，一些美国方向的中国专家依据被称作是愿望和思考的方式来做研究。在对美国制度的活力知之甚少的情况下，一些中国学者传播一种和谐中美关系的幻想。

6. 结　论

古典主义学者近来分析认为当代世界政治经济领域的转变是回归正常的现象。换言之，在西方对世界几个世纪的统治后亚洲的中心地位。这种转变的影响还未被西方世界完全领会。一个可能的原因是西方凌驾于世界其他部分之上的等级制度是伴随着欧美社会科学中的科学化模式而产生的，这也提出了对基于欧洲中心主义的统治地位的解释。

在此贡献的基础上，为了解释欧洲扩张而亚洲衰退这种转变，人们试图从发展的角度审视中欧关系中的经济历史。因赶超所导致的相关问题被总结在不平等、不对等发展理论中，而国家经济主义作为这些问题的决定性因素所具有的重要性，就世界政治经济方面来说应给予更多的关注。随着西方在世界体制中占统治地位的前提条件面临着中国和其他新兴国家崛起的挑战，拿破仑关于中国“觉醒”的预言正被实现。东方吹来的风似乎比西方吹来的更为强劲，但并不是以毛泽东所预料的方式。与中国回到其历史上世界中心

① 关于所推测的新旧世界秩序差异的讨论，见Cooper，1996。

地位相关的悖论是，这将会比毛泽东主义发展模式给西方和资本主义自身带来更大的冲击——毛泽东主义的发展模式是在中短期内建立在自给自足和以自我为中心的经济上的。从历史的角度上看，后毛泽东主义的市场方向——受西方资本主义欢迎的发展方式——只会促进全球经济领域的生产分工和单一的民族国家等级秩序。从这点上看，中美关系将会在将来的几十年内主导世界范围内的地缘经济学和地缘政治学。到目前为止，美国减弱其他国家角色地位（包括中国）的企图，正遭到中国领导阶层关于提高民族国家力量和创建多级格局理论的冲击。

中国和其他新兴国家崛起的影响，导致出现了关于资本主义体制自身和后资本主义前景方面做法的基本问题。尽管古典理论家将中国的重新崛起视作回归到以中国为中心的世界等级体制，他们并没有充分告诉我们这种体制的作用方式。这种霸权主义势力将会建立在其资本主义制度的延续上还是对存在于古中国和它周围毗邻小国之间朝贡制度的延续？这是一篇由英国作家所著书中的论文。另一方面，不能想象将不平等关系强加在诸如俄罗斯、印度和日本之类的国家之上。也就是说，这种世界秩序的种类和形态仍然是不确定的。但从一个社会学家的眼光来看，眼前的问题是中国作为世界强国而崛起将如何影响这种体制的作用方式。

在所有的理论方法中，只有原马克思主义将世界范围内的资本积累和资本主义再生产过程中发达资本主义国家和周边小国关系的重要性概念化。早期马克思主义传统的主导思想的前提假设是处于世界格局中心的资本主义发展需要利用“非资本主义阶级和国家”。正如罗莎·卢森堡所表述的，将这些地区卷入资本主义生产与分配方式将导致资本主义自身进入死胡同。根据对全球化的这种理解，资本主义世界不可能那样单调均衡，就像美国评论家托马斯·弗里德曼想使我们相信新自由主义全球化能够消除国家间的差异和不平衡。罗莎·卢森堡的表述如下：

这种进程的总体趋势和最终结果是资本主义生产的独有规则。这一旦被实现，马克思的模式就有了根据：积累，换言之，资本的进一步扩张将不可能达成。资本主义到达了一个死胡同，它再也不能像在历史上作为开发生产力的工具而起作用，它达到了其客观上的经济极限。

卢森堡对资本论中将资本积累模式论断为封闭系统的分析提出异议，其在再生产和资本积累过程中仅仅包括资本家和劳动者，却忽视了殖民主义和帝国主义现象的重要性。然而，有证据显示马克思和恩格斯确实展示了对资本主义扩张的辩证法学说和由此产生的资本主义自身持续再生产的矛盾。至于中国被卷入资本主义世界格局所产生的潜在影响，它激起了人们对于事态的结果将会与资本主义的正常运作和统治阶级的打算相对立的认识。在1853年的一篇文章中马克思提出了下列观点：“现在，英国造成了中国的革命，问题是这场革命迟早将如何反作用于英国，并通过英国影响全欧。”

关于毛泽东主义发展模式的失败将对资本主义制度扩张有利的观念可能将被证明是相对短寿的。世界上面积越来越大的地区卷入国际资本主义关系领域所产生的悖论还未被社会主义观点所领悟。底线是尽管在不久的将来资本积累在资本主义中心具有吸引力，人们仍需要形成长期的视角。尽管不是现存资本主义危机的直接原因，但中国和新兴经济体的竞争生长却无疑反映了体制内实力均衡的历史性转变并且影响了针对直面资本主义时产生的困难的解决方案。从这个视角来看，弗里德里克·恩格斯在1894年表述的见解或许在今天比在当时更具有时效性：“这又是对历史的绝佳嘲讽：中国仍在被资本主义生产方式所占领，而这样做后者最终会使自己无法在国内存留下去。”

世界正在经历的“大变革”是会像古典帝国主义理论家预测的那样导致一个零和游戏的局面，还是会像（新）自由主义拥护者提出的那样导致一个所有参与方双赢的结果，这将会是未来几十年的基本问题。然而可以断言的是，我们未来充满了各种潜在威胁，充满了各种未知的结果。正如中国的古话所说：“抱最好的希望，做最坏的打算！”

参考文献

1. Adas, Michel (1989) Machines as Measures of Men: Science, Technology and Ideologies of Western Dominance. Ithaca, NY: Cornell University Press.

2. Asenario, George (1996) “Asia in the World system” in sing C. Chew and Robert A. Denemark, The Underdevelopment of Development. London: Sage

Publications.

3. Arrighi, Giovani (2007): Adam Smith in Beijing –Lineages of the Twenty-first Century. London and New York: Verso Press.

4. Bagchi, Amiya Kumar (2005) Perilous Passage –Mankind and the Global Ascendency of Capital.London, Boulder, New York, Toronto, Oxford: Rowman & Littlefield Publishers, Inc.

5. Blaut, James M. (1992) The Colonizer's Model of the World – GeographicalV Diffusionism and Eurocentric History. New York: The Guilford Press.

6. Brzezinski, Ziegniew and Mearsheimer, John l. (2005) "Clash of the Titans", Foreign Policy, (146): 46-49.

7. Cooper, Robert (1996) The Post-Modern World Order. London: Demos, 1996.

8. D'encausse, Hélène Carrère and Schram, Stuart (1965) Le Marxisme et l'Asie 1853- 1964. Paris: Armand Colin.

9. Engels, Frederick (1853) "Engels to K. Kautsky" in Karl Marx and Friedrich Engels, On Colonialism, Moscow: Foreign Languages Publishing House.

10. Frank,Andre Gunder (1998) ReOrient: Global Economy in the Asian Age. Berkeley, Ca: University of California Press.

11. Freeman, Chas W. (2006) "Mao Zedong: Nationalist In Spite Of Himself", remarks to the sais China forum, available at http://www.mepc.org/whats/MaoZedong. asp 12.Fukuyama, Francis (1989) "The end of history?" The National Interest, 16: 3-18.

13. Fukuyama, Francis (2005) "The Calvinist Manifesto", The New York Times, March 5.

14. Gilpin, Robert (1987) The Political Economy of International Relations. Princeton,New Jersey:Princeton University Press.

15. Glyn, Andrew (2006) Capitalism Unleashed: Finance, Globalization, and Welfare. New York: Oxford University Press.

16. Goldstone, Jack A. (1998) "The problem of the 'early Modern' World",

Journal of the Economic and Social History of the Orient, 41(3): 249-284.

17. Harvey, david (2005) A Brief History of Neoliberalism. New York:Oxford University Press.

18. Heilbroner, Robert l. (1995) "The nature of economics", Challenge, 38: 22-26.

19. Hersh, Jacques (1993) The USA and the Rise of East Asia Since 1945. London: MacMillan Press ltd. and New York: St. Martin's Press.

20. Hersh, Jacques (1977) "Some problems Concerning the Concept Ofasiatic Mode of production", Marxistisk Anthropologi, 3(1): 31-52.

21. Huntington, Samuel (1994) "Watch out for China", Newsweek, November 21.

22. Jacques, Martin (2009) When China Rules the World –The Rise of the Middle Kingdom and the End of the Western World. London: Allan Lane.

23. Johnson, Chalmers (1982) MITI and the Japanese Miracle. Stanford: Standford University Press.

24. Johnson, Chalmers (1988) "The political institutions and economic performance: The Government-Business Relationship in Japan, South Korea and Taiwan", in deyo, fredric C. 1988, The Political Economy of the New Asian Industrialism. Ithaca and New York: Cornell University Press.

25. Koo, Hagen (1988) "The interplay of state, social Class, and World system in east asian development: The Cases of south Korea and Thailand", in Deyo, Fredric 1988, The Political Economy of the New Asian Industrialism. Ithaca and New York: Cornell University Press.

26. Lach, Donald F and Kley, Edwin J. Van (1965) Asia in the Making of Europe. Chicago: University of Chicago Press.

27. Li, Minqi (2008) The Rise of China and the Demise of the Capitalist World Economy. London: Pluto press and New York: Monthly Review Press.

28. List, Friedrich (1977) The National System of Political Economy. Fairfield:Augustus M. Kelly.

29. Liu, Henry C.K. (2007) China's misguided 'experts'on the US, Asia Times online, May 1, available at http://www.atimes.com/atimes/China/ie02ad01.html.

30. Luxemburg, Rosa (1972) The Accumulation of Capital –An Anti-Critique. NewYork: Monthly Review Press.

30. Mao, Zedong (1957) "The east Wind prevails over the West Wind", available at http://www.marxists.org/reference/archive/mao/selected-works/volume-7/ mswv7_480.htm.

31. Marx, Karl and Engels,Friedrich (1958) "Manifesto of the Communist party", Selected Works in Two Volumes, Volume i. Moscow: Foreign Languages Publishing House.

32. Marx, Karl (n.d.) "Revolution in China and in Europe", in K. Marx and F. Engels, n.d. On Colonialism, Moscow: Foreign Language Publishing House.

33. Mearsheimer, John l. (2006) "China's Unpeaceful Rise", Current History, 105(690).

34. Moore, Barrington, Jr. (1966) Social Origins of Dictatorship and Democracy. Boston: Beacon Press Books.

35. Nee, Victor and Peck, James (eds.) (1975) Introduction in China's Uninterrupted Revolution. New York: Pantheon Books.

36. Needham, Joseph et al. (1954): Science and Civilization in China, Vol. 1. London: Cambridge University Press.

37. Norman, E. herbert (1975) Origins of the Modern Japanese State: Selected Writings of E. H. Norman, edited by John W. dower. New York: Random House.

38. Ramo, Joshua (2004) The Beijing Consensus. London: The Foreign Policy Centre.

39. Ramonet, Ignacio (2006) "Mégapuissance", Manière de voir, nr.85, February-March.

40. Safire, William (1993) Safire's Political Dictionary. NewYork: Random House.

41. Shanin, Teodor (1983) The Late Marx and the Russian Road – Marx and the'Peripheries of Capitalism'. New York: Monthly Review Press.

42. Simmons, Colin (1985) "'de-industrialization', industrialization, and the Indian economy, c. 1850-1947", Modern Asian Studies, 19(3): 593-622.

43. Smith,Adam (1937) The Wealth of Nations. New York: Random House / (1982) The Wealth of nations. Hammondsworth, Middlesex: Penguin Books.

44. Stockwin, James arthur A. (1999) Governing Japan – Divided Politics in a Major Economy. Malden, Mass.: Blackwell Publishers.

45. Strange, Susan (1970) "International economics and international Relations:A Case of Mutual neglect", International Affairs, 46(2): 304-15.

46. Thorner, Daniel (1971) "Peasant economy as a Category in economic history", in Teodor shanin (ed.) Peasants and Peasant Societies. hammondsworth: Penguin.

47. Wallerstein, Immanuel (2004) "China and the US: Competing Geopolitical strategies", Commentary no. 151, December 15, available at http://www.binghamton.edu/fbc/151en.htm.

48. Wittfogel, Karl (1957) Oriental Despotism: A Comparative Study of Total Power. New Haven: Yale University Press.

第2章 崛起大国的神话与现实：中国威胁现存世界秩序吗？

1. 导言：背景与讨论

历史上，国际秩序是以一系列大国崛起并重新组织国际体系为特征的。没有大国可以永远存在，权力积累和分配的长期变化会导致新的大国出现。它们根据自己的利益，将其新获得的优势转换为对国际体系已有规则的重新构建。贯穿20世纪，世界见证了大国的崛起和衰落。一些世界大国存在的时间相当短，比如德国、日本和苏联。历史也表明，权力转移从来不是顺利的，而是残酷的，原因在于衰落的大国担心丧失其控制力，担心其衰弱的地位所带来的安全问题。中国崛起之后，目前世界范围内的争论在于战后世界秩序主要缔造者、超级大国美国的未来。

21世纪以来，世界见证了一个新的大国的出现。中国现在被认为是一个全球性的崛起大国。由中国崛起所带来的全球经济和政治的权力转移有一个明显的迹象，而最近几年，西方世界对中国崛起的意识已变得越来越强烈。迄今为止，中国显著的经济成功使世界在多个领域感受到中国的经济影响力，例如：外国直接投资、商品价格、国际贸易、地区一体化、国际关系，等等。中国在金融、货币、贸易、军事安全、环境问题、资源管理、食品安全、原材料和商品价格方面的政策与中国境外数百万人的经济状况和安康有关系。中国在供与求上的转变所导致的价格变化引发其他国家的调整。大多数国际经济机构和一些分析家预计，在未来几十年的时间里，中国将取代美国，成为世界头号经济体。因此，中国越来越多地被看作是一个“必不可少的国家”，如同此前的美国。鉴于中国巨大的领土面积、经济和人口规模以及悠久丰富的文化，对中国崛起重要性的看法带有强烈的不确定和担忧的感觉。

全球权力转移意味着在现存世界秩序内的一些隐含的和明确的变化。因此，假定崛起中的大国要求在全球事务中拥有更多的决策权，既有大国很难满足这些要求。这些变化的直接后果很难去预测。虽然中国承诺和平崛起已成为其国家的规划和理想，但是除了中国的崛起看上去是一个非冲突性的事实，世界既有大国并没有在国家崛起的方式和未来走向方面达成共识。

对中国崛起的认知引发关于可能产生的威胁的各种讨论和争论，因为在国际关系术语中，“崛起”的概念蕴涵着潜在的霸权更迭或权力转移。尽管中国与世界其他地区的相互依存日益增加，仍然有一些西方的学者、记者、决策者以及权威人士煽动危言耸听的言论，将中国的崛起解读为对世界秩序的威胁。结果，各种“中国威胁论”在中国兴起的过程中出现了，例如：意识形态威胁、经济威胁、环境威胁、能源威胁、食品威胁、技术威胁、发展模式威胁，最后但并非最不重要的、而是最令人烦恼的是军事威胁。对许多美国人而言，中国代表着对美国霸权和生活方式之核心的主要挑战。中国已经被描绘成“这个星球上最强大的、存心吝啬的国家”。悲观的观点声称中国的崛起不会是和平的，不可能不威胁到现存世界秩序中既有大国目前的地位。中国威胁的概念教唆遏制而非接触政策，如果继续下去，这可能会成为一个自我实现的预言。

各种“中国威胁论”有一种普遍的假设，即当一个崛起中的国家经济上更富有，军事上更强大时，它不可避免地寻求政治上更多的影响，而这将导致全球权力结构的变化。因此，对现存世界秩序的真正挑战是：21世纪的后来者——出现在既有的战后西方国际秩序之外的崛起中的大国，如中国、俄罗斯、印度和巴西——是否有机会获得对全球经济和政治的主导，和平地加入大国俱乐部？在理论上存在这种可能性，因为历史经验似乎不太具有说服力。实际上，除了国际政治和经济调整中一些象征性的接受，比如G20和双方其他正式与非正式的交流渠道，很难去预测从既有大国到崛起中的大国的实际考虑。

本章的主要目标是提供一个框架，以理解崛起中大国在地区和全球的影响力以及其对既有世界秩序在政治、经济和社会方面的含意。它的目的是弄清楚具有不同利益、观点和信念的相互矛盾的力量是如何努力地塑造世界，有序、无序和重新排序的逻辑是如何体现在大国兴衰的动态之中的。为此，有必要对现存世界秩序是如何创建的，目前它是如何统治或如何出现无序状态有一个概念化的了解。本章的结论是，一方面，中国的崛起不可避免地引发权力的转移以及按照新的方式构建世界秩序，而另一方面，中国的崛起将在多边主义和机制主义的基础上帮助建立新型的世界政治权力平衡。

2. 现存世界秩序：霸权与不满

从历史上看，世界秩序或者秩序的重建总是由新的大国崛起和既有大国反对的背景和关系所释放的无序动力造成的。对于从英国到美国的权力转移是否是和平的，仍然有不同的观点，且不说这次权力转移发生在西方秩序内部。一个新的世界秩序的发展从来不是一个顺利、和平的过程。历史上很少有不经过暴力就实现世界霸权领导的记载。正如郭苏建所指出的：

在世界历史上，没有大国是“和平”崛起的。从早期的殖民地大国——西班牙和英国，到后来的工业化国家——德国和日本，所有新兴的大国都是通过战争成为强国的。“美国的历史是与地球上其他大国对抗、甚至是冲突的历史”，先是在19世纪与英国和法国，后来在20世纪与德国、日本和俄罗斯，更不要说代理人打的许多战争。

2.1 战后世界秩序的霸权

二战后，美国的目标是通过三个全球战略来支持它作为超级大国和霸权国家的能力与持久性：（1）建立一个资本主义世界体系：建立国际贸易自由、稳定货币和扩大全球经济相互依赖的布雷顿森林体系；（2）建立一个全球/地区的集体安全：形成一个美国—欧洲—亚洲的军事联盟以反抗和阻止共产主义的扩张；（3）加强国际贸易机制：巩固一个以欧亚为中心的全球贸易网。（见表2.1）

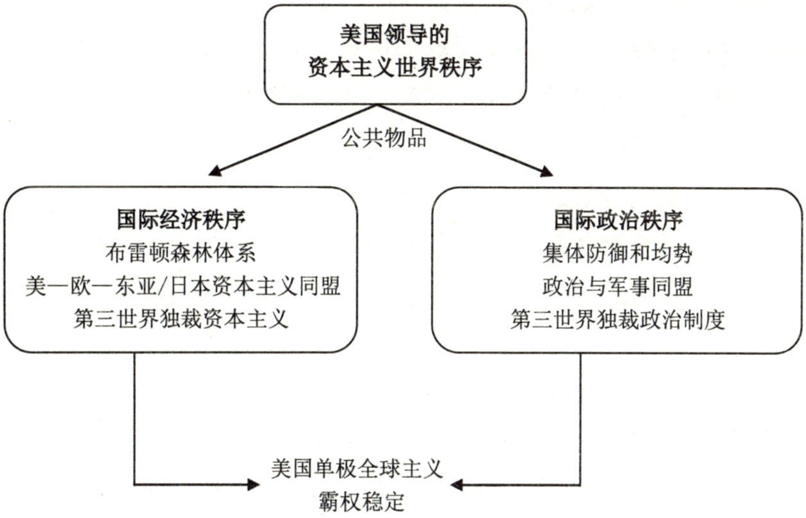

表 2.1　美国霸权下的战后世界经济政治秩序

这个时期，美国的目标是担负起作为国际体系霸权稳定者的责任，“以确保安全、反对共产主义、提供经济发展援助和加强国际机制的方式来提供全球公共物品”，并以此创造自由世界市场的充分发展。这个单边全球主义后来被查尔斯·金德尔伯格发展为霸权稳定论，罗伯特·吉尔平进一步发展了它，朱莉娅·舒伯特则进行了大量的重新探讨。

人们普遍承认，美国塑造了战后世界秩序。作为仁慈的霸权国，美国为了维护资本主义世界体系的生产模式，承担了最多的花费，提供了最多的公共物品；同时，也得到最多的利益。因为知道其自身繁荣与全球体系的作用及其同盟国家的成功紧密联系在一起，美国愿意维持其他伙伴国家的安全和繁荣。这一点从美国在布雷顿森林体系等国际体系的历史地位上可以看出来。

2.2 冷战后“世界新秩序”

随着冷战结束，苏联解体，中国进入资本积累发展阶段，成为“一个理性的集权国家，或多或少地遵守国际关系的普遍规则”，以华盛顿为中心的联盟体系失去了其令人信服的合理性和合法性。这些变化对美国提出了一些根本性的问题：如何维持美国为中心的战后世界体系的核心结构？[①] 当以前的敌人消失了，在三边关系（北美—欧洲—日本）中，什么是支撑美国领导的安全网持续下去的支柱？哪个国家是苏联（包括俄罗斯）之后，可以被界定为威胁美国"世界新秩序"的新的政治力量？冷战后的美国正面临着一个由三种不同的意识形态所理解的世界：（1）福山提出的理想主义的"历史终结论"；（2）亨廷顿提出的现实主义的"文明冲突论"；（3）两届布什政府提出的"世界新秩序"的单边主义。它们共同的逻辑是延续美国的全球优势，遏制任何潜在的威胁。

真实的情况是，冷战后美国所面临的世界秩序符合考茨基和列宁的理解。考茨基认为国际关系是由他所指的"跨资本家阶级"所决定的；列宁则将国际关系看作是国家间的竞争，资本主义与国际关系充满矛盾。因此，美国政治和经济政策在后冷战时代的目标是混合考茨基和列宁的分析，在此基础上管理全球事务。一方面，美国的"目标是考茨基所设想的统一、开放的国际资本主义社会"；另一方面，"美国承诺维持的国际社会的全球作用是由非常接近于列宁的世界观所决定的"。根据卡根和克里斯托尔的观点，美国在冷战后所享受的难得的霸权地位必须不惜一切代价加以捍卫，因为：

今天的国际体系不是围绕均势而建，而是围绕美国霸权而建。国际金融机制由美国人改变，并为美国利益服务。国际安全结构主要是美国领导的联盟集体。美国人喜欢称之的"国际规范"实际上反映了美国和西欧的原则。因为今天相对仁慈的国际环境是我们霸权影响的产物，所以任何减少这种影响力的行为都将使其他国家在塑造一个满足它们需求的世界中发挥更大的作用。像中国、俄罗斯这样的国家，如果有机会，它们将构建完全不同的国际体系。

美国很快不得不同时卷入与欧洲和东亚两条战线的经济冲突。苏联威胁的消失、不断强化的世界经济跨国化和多极化大大降低了美国作为欧洲和亚

① 冷战期间美国外交政策的战略目标与其说是对付共产主义威胁，不如说是保卫资本主义世界体系的中心—半边缘—边缘结构中的严重的不平等以及全球贫富差距带给美国的巨大的特权与权力。美国在后冷战时代的关注重点是如何在结构上保持现存世界资本主义体系的主要特点。

洲安全保护伞的重要作用。作为这些变化的结果，“传统上，促进战后盟国解决其经济分歧的安全黏合剂不再存在”，它们在双边或多边经济事务上的分歧以及对全球与地区安全和环境方面的关注都超过了它们传统的同盟关系。[①]美国打算以一个渐进的、单边的作法，以包括军事介入在内的任何代价来捍卫冷战后新秩序。华盛顿新的安全范式与它的全球经济利益密切互动，而且新的安全范式被设计为防范任何挑战和反抗。美国面临的普遍挑战包括国家崩溃、国家间与种族间冲突、地区不稳定、经济危机、“流氓国家”以及新兴超级大国，[②]这些挑战都会造成现存体系的机能失常。

两届布什政府新造的词“世界新秩序”，在战后国际秩序的核心特征和层次结构上，没有蕴涵任何本质的变化。而战后国际秩序是由二战的胜利国与霸权领导者美国共同建立并主导的。换句话说，1945年至1989年冷战的僵持状态没有从根本上改变世界秩序，所以冷战后的世界新秩序也难以称之为“新”。与之相反，由于对美国霸权所制定的国际规范和规则的承诺的减轻，其焚化与灭绝的可能性增强，从这方面来看，似乎已经出现了对于地球的威胁。后者显示了许多单方面的行为，而这些行为自相矛盾地给予因为各种这样或那样的原因而怨恨美国霸权的各种集团和国家一个许可。美国因为发动伊拉克战争而表现出的对于联合国体制和国际法的不尊重会被解读为其他国家也会效仿。这将产生意想不到的后果，即出现民族无政府状态，而不是在国际公共生活中，产生遵守规范、规则、程序和制度的完整性的道德力量。

2.3“9·11”事件后的“世界无秩序状态”

“9·11”事件后的世界无序状态主要是布什政府对美国所构建和领导的、

① 这些矛盾涉及许多地区和全球问题：在欧洲限制进口美国牛肉和香蕉问题上的美-欧矛盾；美国制裁与美国的敌人，如古巴和伊朗做生意的欧洲公司，欧洲对此的愤怒；美国对欧洲发展独立军事力量计划的消极立场；欧盟和亚洲的烦恼，包括对美国对北朝鲜和古巴的敌对做法、美国对俄罗斯和中国傲慢的态度和美国单方面提议的导弹防御系统；以及对布什政府拒绝签署和执行全球环境协定的不负责任行为的不满。

② 如果有，也只有很少的证据支持这样的论点，即国家导弹防御系统是针对拥有核导弹的伊朗、伊拉克或北朝鲜这些在未来冲突中有可能要挟美国的国家。实际上，这项任务旨在否认新兴导弹国家，特别是中国对于美国传统行动的核威慑。人们普遍认为，国家导弹防御系统的目标更多的是针对新兴的超级大国——中国，而不是那些所谓的“流氓国家”。

以规则为基础的多极国际体系采取战争行动的结果。布什政府塑造世界政治的依据是使追击恐怖分子成为全球政治的一个自定义特征。布什说过，“我们对恐怖主义的战争将不会停止，直到全球所有的恐怖组织都被发现、被阻止、被打击”。

这些与美国作战的“恐怖分子”或“流氓国家”看来恰好发现它们希望美国政府在这样一个位置：这个国家不得不继续忙于试图确定任何“恐怖行为”。美国政策制定者指定恐怖行为，好像它们是由国家发动的战争。他们宣布他们所谓的全球反恐战争。这种升级给恐怖分子提供了品牌，使其实施更多的恐怖行动。其结果是，世界在冷战后时期远远没有获得和平与安全的环境，而是遭到一种和平处罚的局面，即整个世界变成了一个巨大的游击战场，那些选择这么做的个人或团体使用信息和技术革命带来的设备与便利来实施行动。这就改变了冷战时期战争的规则和战争发生的地点。“9·11”事件对纽约双子塔的攻击表明地球上没有力量是免于恐怖主义袭击的。全球战斗竞技场轻易地从过去被称为“第三世界”的地理区域转移到包括中央霸权国家在内的整个世界的金融和政治中心。

2.4 世界秩序重构的潜在力量

现在，有三种在世界上被确定的、可能的重新排序的推力。第一种由下而上对世界秩序重新排序。换言之，因为相似的关注而联合起来的世界社会论坛和其他形式的社会运动与公民社会组织，有可能声称另一种世界新秩序是可能的。他们认为，由贸易、商业和金融所驱动和带动的全球化进程并非是不可避免的。他们发动抗议反对诸如世界贸易组织、国际货币基金组织、世界银行以及其他全球秩序机构。他们声称，通过反全球化的行动，他们希望可以影响到穷人和被边缘化的人，并提高他们的声音和参与。但是，这种推力仍然没有转化为具体行动。

第二种是通过全球化从上面——以北美和西欧为基础、美国为主要领导者的霸权中心——对世界重新排序。主要行为者是国家、全球精英阶层和商业网络。他们将通过加入国际协定来保护他们的利益和安全，创造政治经济的改革，而不是破坏现存全球秩序来寻找并组成联盟。这种国家—商业的联盟似乎支持这样一种世界观，即通过适当的政策，通过提供安全公共物品以及通过在全球自由经济体系下获得的商业利益，那些体系外的行为者可能进入体系内。这就是世界经济论坛一直提倡的、与世界社会论坛相反的观点。

第三种是中国、俄罗斯、印度、巴西和其他新兴国家的崛起，而中国是关注的中心。争议归结为一点：是承认、接触、适应中国，还是通过传播恐惧、不接触、监视和妖魔化中国来与之作对。今天，中国不能被忽视或被回避，她在全球事务中所具有的不可或缺的作用比历史上任何时候都要多。在过去的十年里，俄罗斯也已重新成为一个全球大国，其抱负是通过制定“近邻”政策在前苏联地区保持影响力，从而保持其权力地位。印度和巴西明确地向着下一代的地区和全球大国迈进。

3. 中国的崛起及其对世界秩序的含义

1500年到1945年的世界历史表明，大国的兴衰总是伴随着对手、冲突和战争。从比较的角度看历史的类比，中国的崛起被认为相当于19世纪末德国的崛起。德国和日本的崛起都引发了世界的混乱，造成两场世界大战。中国的崛起被现实主义者解释为：中国将不可避免地试图运用其不断增长的影响力来重新构建国际体系的规则和机构，以满足其自身利益；而其他衰落国家则自然地将中国视为一个日益增大的安全威胁。一些学者指出，他们所确认的世界从长期占统治地位的“威斯特伐利亚”体系向将占主导地位的“东伐利亚”体系的戏剧性转变具有深远的意义，“问题不是如果中国、印度和亚洲崛起，将影响世界政治。问题是，权力和影响力向亚洲的迁移将如何改变全球事务，以及被这些显著变化所影响的国家和人民。”

3.1 中国的崛起和对它的不满

近年来，许多西方媒体一致阐明了一个被主流观点和许多西方政府所承认的、具有讽刺意味的事情：共产主义中国可以拯救资本主义——一个绝望的愿望，希望中国帮助解决由全球金融危机所造成的世界经济衰退问题。

因此，西方担心的不一定是中国“经济的崛起”，因为中国经济的崛起也被看作能带来潜在的机会。比较而言，由中国经济崛起所带来的“政治影响”

才是西方关心的问题。内含特殊的历史维度、独特的文化因素和自信的意识形态话语的“中国模式”，在第三世界越来越具有吸引力。在如何管理国家—市场—社会关系和处理国际关系中的政治经济学方面，“中国模式”对于许多发展中国家具有特别的吸引力。中国发展模式最近被称作“北京共识”，是一个对政治、发展和全球均势具有截然不同态度的新造概念。它的产生是由以下因素来驱动的：中国30多年的经济发展成就，相对的政治稳定，寻找一条替代发展道路的坚定雄心，为发展、国家主权和全球多边主义而保持国家强大地位，“不对称权力规划”手段的积累战略，即如何在一个不对称权力关系中，对超级大国和跨国资本获得和保持权力。

在这种情况下，近期的“中国威胁论”与中国在非洲、拉美和其他发展中国家积极参与投资和贸易有关。特别是中国在非洲的强大存在和参与已经引起了许多争论和讨论，并已经向美国和欧洲的前殖民国家发出了令其担忧的信号。最让它们担心的是“北京共识”在这些地区的传播。

另一个描绘中国崛起的负面画面是，伴随着中国增加军事预算和加速国防现代化，所出现的迫在眉睫的军事威胁。据西方报道，中国的军费预算在2007年增长了17.8%；2008年，一个相似的17.6%的预算增长是590亿美元。中国在军事能力上的优势被认为是对东亚地区均势的严重威胁，也是对美国在军事和战略影响方面的全球主导地位的严重威胁。分析家和五角大楼的消息宣称，中国军事现代化是对美国的威胁，包括中国日益增长的军费开支和它生产的武器，使其具备向全球军事力量投射的能力。美国国防部对中国军事力量的最新评估把中国视为美国的一个潜在的军事竞争对手，并宣称北京有朝一日会试图主导亚洲或者挑战美国的霸权。

因此，许多现实主义者和舆论界人士基于历史的教训来预言中国与西方的最终冲突，即一个崛起国家快速的经济发展常常在内部和外部都引发巨大的、破坏性的变革。既有世界大国仍然在努力确认这样一种趋势，即中国将最终成为资本主义世界体系中的“负责任的利益攸关者”，中国已经高度融入这一体系，并从中享受到很大的好处。预计中国的崛起和发展模式将不可避免地吸收和适应外部的挑战和限制。这些挑战和限制来自世界经济周期性波动方式，以及以好转和低迷、繁荣和萧条为模式的全球商业、经济和金融的周期性行为。

在评估中国的崛起时，一个非主流的、较为激进的方法受到马克思资本积累和阶级斗争理论以及世界体系理论分析的启发，从世界体系进化的历史背景来看待中国的崛起。根据李民启的观点和分析，19世纪，欧洲资本主义世界经济崛起并在全球占据优势，恰逢中华帝国历史上霸权的衰落和终止。那么，有意思的问题是，中国作为一个新的全球大国的崛起，将证明与21世纪资本主义世界经济的衰落和消亡是一致的吗？一般的共识认为中国的崛起将进一步加强和扩大现有的资本主义世界经济。与之相反，李民启认为，中国的崛起是一个经常性的历史进程，有助于现有的世界资本主义体系的消亡。根据这种解释，中国是地球上资本主义世界经济达到地理扩张极限的最后的乐园。

3.2 中国的崛起与现存的超级大国

当前，许多没有回答的问题仍然浮动在许多美国政治家的头脑里：中国的崛起对于现存世界秩序和共享的规范和价值，意味着什么？中国将如何处理它积累的能力和资源？中国将如何影响既有大国的地位、利益和政策，尤其是超级大国——美国？这种含义将如何在现实中上演？

《1994—1999财年防卫计划指导》明确地阐述了美国21世纪的战略目标和政策，其目标是“维护机制，以威慑潜在的竞争对手去追求更高的地区或全球地位”。该报告的另一重要组成部分表达了美国基于本国利益有选择地进行干预时，使用武力的意愿和决心。《防卫计划指导》的原始文本包含这样的构想：“当美国不能成为世界‘警察’，为纠正每一个错误承担责任时，我们将保留有选择地处理这些错误的重要责任，而这些错误不仅威胁到我国的利益，而且威胁到我们的盟国或朋友的利益，或者严重扰乱了国际关系。”

上文的含义是，如果美国的领导对世界是好的，那么任何反对方都是在反对对美国和世界都好的东西；任何参与竞争或者被感觉在与美国权威竞争的新兴大国都有可能受到谴责。“中国威胁论”用中国的“恶意和不诚实”已经引发了歇斯底里的谴责来妖魔化中国的崛起。假设中国不愿意通过和平与善意的方式成为一个大国，那么如果它成为一个超级大国，它将是现有秩序的一个威胁。特别是新保守主义者非常尖刻地描述中国的崛起对于世界和平的威胁。罗伯特·卡根是这样说的：“中国领导人的世界观与一个世纪前的凯泽·威廉一世是相同的。中国领导人对于约束感到焦躁，担心他们必须在国际体系改变他们之前，改变国际体系的规则。”

美国新保守主义者的反应证明其意识形态和心理无法使美国外交政策容纳后来者。“中国威胁论”无视中国和平崛起的理念。罗伯特·卡根再次声称：“崛起大国的历史……以及它们由既有大国‘管理’的尝试并没有提供多少自信或舒适的理由。很少有崛起的大国在崛起时，不发动大战来重塑反映新的现实力量的国际体系。”新保守主义者试图暗示的意思是，如果既有秩序的现状没有被改变，那么就没有任何崛起国家的空间——美国是占有者。这就是为什么新保守主义者在敲响警钟——高喊“狼来了”。

近年来，中国发现它成为一个被新保守主义势力的嫉妒、羡慕、焦虑、担忧、甚至反感所包围的“中央王国”。中国在主权和国家统一等问题上高度警惕，因为它看到美国是如何使前苏联解体，成为15个新国家——而有人希望类似的结果发生在中国！不仅是新保守主义者，连美国不同届的行政当局高官也证实中国威胁的可能性。世界银行现任行长罗伯特·佐利克表达了美国公众的恐惧：“许多美国人担心中国龙将证明是一条火龙，因此对中国有强烈的焦虑。”美国前国务卿康多莉扎·赖斯也对“中国威胁论”发表了看法：“中国仍然是亚太地区稳定的潜在威胁……中国不是现实大国，但是有可能按照对自己有利的方式改变亚洲均势的国家。单就这一点，中国就是一个战略对手，而非战略伙伴。”过去几年有选择性的美国民意显示，“中国威胁论”成为了国家焦虑的焦点：2005年，31%的美国人认为中国将很快主导世界，54%的美国人认为中国作为一个超级大国的出现是对世界和平的威胁。2006年2月的皮尤民意调查显示，47%的美国人认为中国作为世界强国的出现是对美国福祉的威胁。

看来，摇摆不定的局面可能从新保守主义者的不信任和疑心中国转向邀请中国成为战略伙伴。奥巴马新政府不仅带回了克林顿政府与中国建立战略伙伴关系的政策，而且进一步加强了中美战略与经济对话机制的作用。然而，具有讽刺意味的历史也表明，中美关系中的主要矛盾和重大突破——无论是蜜月还是离婚——在共和党执政时期都曾经发生过。

3.3 中国崛起对现存世界秩序的“嵌入式”影响

世界体系理论告诉我们：（1）资本主义世界体系的历史反复显示了周期性节奏导致的、在积累和力量方面的经常性的、缓慢的、但又是显著的地域变迁；（2）周期包含了对全球秩序提供连续保证的国家的崛起和衰落，每一个国家有其特有的模式和控制方式；（3）积累的系统性危机的解决，往往涉及资本积累的世界进程中领导者的变化。因此，中国的崛起可以被理解为周期性节奏中的一部分，但是它仍然被体系的资本积累的根本逻辑所限制。

“中国威胁论”的支持者强调中国权力积累的有害后果，而反对者则指出，中国的崛起是从内部产生，并嵌入到现存的资本主义世界体系中。中国经济发展方式和增长模式越来越像东亚新兴工业化国家的模式——深化与西方工业国家的结构性关系，依赖对外贸易、投资和融资。以市场为导向的增长鼓励更多的让步以减少资本的流动、增长和扩张，鼓励更多的结构性改革以满足对外部市场和资源的大量需求。此外，与国际市场深度融合的结果导致其生产力对于国际市场波动过度地依赖。今天，中国国家发展政策的中心主要在社会流动方面确定了中国的利益，而这种为了在世界经济等级中进行财富积累的社会流动，就是要达到西方先进国家的生产水平，并接近其生活标准。中国评估发展的标准是生产力、利润和财富的积累，而不是阶级斗争和政治思想工作。新的国家发展方向更改为扩大和深化与工业化资本主义国家的外部关系，并产生出应对国际竞争的国内政治。

有学者认为，因为中国经济已经全面融入世界经济中，所以中国已成为现存国际秩序的受益者，它拥有利益来维护和巩固现有秩序。因此，中国的崛起不需要导致对全球统治的负面斗争。如果中国要改变进程，试图改变现状，那么它将面临来自整个体系的利益攸关者的集体抵制。现存国际体系具有一些基于一套规则和制度的独特弹性和根深蒂固的特征，也就是“难以推翻，但容易进入”。

艾肯伯里在2008年认为：“战后西方秩序在历史上是独一无二的。任何由一个强国主导的国际秩序都是基于强迫和同意的混合，但是美国领导的秩序的独特性在于它比帝国有更多的自由——因此，它具有不同寻常的可进入性、合法性和持久性……它是可以扩展的，具有广泛的和不断扩大的一系列参与者和利益攸关者。它有能力创造巨大的经济增长，同时也能发出约束的信号——所有这些使得它难以被推翻，却容易加入……（战后西方秩序）是围绕一系列规则和规范建立的，这些规则和规范包括：非歧视、市场开放、为崛起中国家创造条件，在体系内推进其扩大经济和政治目标。……中国已经发现了巨大的经济效益是有可能在市场开放的体系内运作的。”

在当前全球金融危机中，中美持续的经济关系表明了两国间高度的相互依存，也说明美国必须寻求“重新平衡与中国的关系”是势在必行的，原因在于过去30年，在太平洋地区出现了“范式的转换”。中美关系的缔造者亨利·基辛格说：

“根据传统的观点，一旦中国消费得更多，而美国消费得更少，世界经济将重新恢复活力。但是当两国都采用了这种惯例，那么它将不可避免地改变政治框架。当中国对美国出口下降，中国将其经济重心转移到更多的消费和增加基础设施的支出时，一个不同的经济秩序将产生。中国将减少对美国市场的依赖，而邻国对中国市场的不断增大的依赖性却将增强中国的政治影响力。在塑造新的世界秩序中的政治合作必须越来越多地弥补贸易模式的转变。”

其他许多学者也认为，与全球经济的高度融合既为中国的成功提供了条件，也限制了中国的成功。他们提出，中国在全球政治经济中的“权力”应该从中国内部的权力配置和全球化生产过程的关系中去理解，而后者构建了重新衔接全球经济和政治的过程和含意。中国的崛起不是一个简单的过程，相反，它过去是，将来也是被国内和国际条件高度制约和塑造的。

为了反对对中国崛起的悲观看法，中国政府和学者在近年一直推进“和平崛起”与“和平发展”的概念，目的是强调中国的软实力，显示出中国作为一个负责任的世界领导者的特征。在过去十年北京外交政策和外交表现的基础上，中国自称的“和平崛起”雄辩地获得了国际认同：在促进区域一体化、参与发展中国家的经济发展、在联合国和其他国际组织中坚持多边主义、在世贸组织中为发展中国家争取公平的斗争、通过上海合作组织在中亚领导的促进区域安全、加大国际援助和发展援助等方面，中国都发挥了作用。尽管存在“中国威胁论”，但是中国是公认的、对全球和地区经济增长、国际贸易以及克服当前金融危机关键的贡献者之一。

今天的国际体系的基本原则可以追溯到，也是植根于威斯特伐利亚体系。它是一个主权国家的横向体系，均势是受到青睐的，而国内政治、经济和社会问题的性质则不是国际关系所关心的。今天，人们普遍认为中国是历史上以西方为基础的威斯特伐利亚体系最强大的捍卫者之一。中国不管“历史终结论”和后冷战时期国际政治经济的变化，坚决主张国家主权和不干涉内政原则。

然而，在一些国际领域，中国也看到，以更加跨国化和多国化为特征的后冷战秩序的必然趋势和转变，而这些变化将在世界范围内带来资本的扩张和经济的一体化。中国已经在经济和安全事务的双边和多边合作中采取了积极的姿态。世界贸易组织是一个全球性的规则制定机构。它在世界新秩序的推动下，联合全球资本主义，去除其他类型的经济体系。它是一个超越威斯特伐利亚体系并具有超国家的法律权力的机构。但是，对于一个具备控制宏观经济稳定性和决策独立性能力的强国而言，中国被视为是一个极大地受益于世贸组织成员国身份的赢家。

4. 结论：同床异梦？

中国的崛起和其他崛起的国家代表着全球政治、经济和社会变化的一个关键的推动力。考虑到它们对于全球政治和经济的巨大的、潜在影响力，它们代表着对社会科学理解力的结构性挑战，而社会科学理解力的结果可能是理解世界秩序的主要因素之一。

随着全球化的开始以及新的大国的崛起，如金砖四国（巴西、俄罗斯、印度和中国），全球秩序的重建已经成为争论的热点问题。崛起中的大国和既有大国如何共同发展、彼此包容的问题，是当前持续探讨的一部分。既有大国强调来自崛起中大国的威胁。相反，崛起中大国可能略微感到没有受到既有大国的重视。除了一些促进伙伴关系的建设性的声音，主要的声音依然在强调威胁和不信任。

来自崛起中大国的声音是复杂的，但是它们也有相似之处。新的崛起大国可能喜欢建立一个认可和承认它们地位的全球治理体制。它们主张并提倡一个建立在多边主义和发挥联合国作用基础之上的“世界新秩序”，而避免在既有大国的单边行为基础上建立“意愿联盟”的企图。

世界秩序可能的变革包括三个层面:（1）现存世界秩序的继续，既有大国反对接纳新崛起大国，这种观点可能会加大冲突的可能性;（2）崛起大国认识到既有大国不允许它们参与世界秩序的重构，它们将不得不通过建立自己的联盟来走自己的路，这有可能引发既有大国强烈的反抗;（3）崛起大国和既有大国接受共同发展，同意维护全球治理的最重要地位。

中国的崛起将不可避免地建立世界新秩序的“中国派”。担心中国崛起的那些人设计出一个恶毒的“龙打败并吞下鹰”的形象。如果这种威胁的形象成为既有大国决策的根据，中国可能被逼到一个位置，可能没有选择，只能反抗对于它想要发展繁荣并进入发达经济体行列的愿望的制约。中国不应被塑造成要么恶意、要么善意的形象或个性。中国的硬实力和软实力既不能被妖魔化，也不能被夸大。这是一个突现的、转型的经济，它有巨大的经济规模、人口、生产力和市场规模。假如世界愿意冒险与中国接触，理解和尊重中国的爱国主义，那么这将被控制成双赢的结果，正如现代中国民族主义的创始人孙中山所明确表达过的那样。毫无疑问，正如孙中山所说，中国将成为一个超级大国，如果它没有受到其他事情的困扰。孙中山确信当中国强大繁荣时，不会像其他国家那样做，即成为帝国主义和军国主义。他还说中国应该与和它一样经历过历史羞辱的国家分享繁荣。

中国的领导人看起来在做着他们第一位民族主义领导人所展望的事情——建设一个统一、繁荣的国家。既有大国应该积极承认的事实是中国一直在持续地提倡和坚持“和平崛起”。一些美国战略家看到中国发展的趋势，建议建立一个中美G2结构，就像英美同盟一样的特殊关系。这是一个非常崇高的抱负，但现实是为了使这种情况能够发生，对未来世界秩序的想象首先应该需要建立和储备平等共处的相互认同。

鉴于中国与世界其他地区的相互依赖，与中国接触而非遏制能够稳定新的世界秩序。既有大国应该支持重构全球权力结构，将中国纳入到对共享的国际规则的发展的安排中。中国不能仅仅做一个规则的追随者，它必须还是一个规则的制定者。需要智慧来改变战略对抗，在全球建立新的战略伙伴关系的网络。为维持长期全球治理机制，应该邀请和欢迎其他崛起中国家和中国来构建伙伴关系。世界秩序不仅应该建立在带有纯粹的、实际上是加重的怀疑和不信任的均势之上，而且应该建立在国际关系博弈规则的正义和公平之上。

预测崛起的大国——中国与现存的大国——美国和欧洲是否不仅能同床，而且还能同梦还太早。在不远的将来，双方不得不寻找彼此都能接受和支持的、在地区和全球的位置。为达到这一目的，双方将不得不走过一段相当长的、充满斗争、调整和紧张的时期。

参考文献

1. Alden, Chris (2007) *China in Africa*. New York: Zed Books.

2. Alden Chris, et al. (2008) *China Returns to Africa: A Rising Power and a Continent Embrace: A Superpower and a Continent Embrace*. London: HURST Publishers Ltd.

3. Al-Rodhan, Khalid R. (2007) "A Critique of the China Threat Theory: A Systematic Analyses", *Asian Perspective*, 31(3): 41-66.

4. Bergsten, Fred C. (2001) "America's Two-Front Economic Conflict", *Foreign Affairs*, 80 (2):16-27.

5. Bergsten, Fred C. et al. (2008) *China's Rise: Challenges and Opportunities*. Washington, D.C.: Peterson Institute for International Economics.

6. Bernstein, Richard and Munro, Ross H. (1997) *The Coming Conflict with China*. New York: Alfred A. Knopf.

7. Carpenter, Ted Galen (2005) *America's Coming War with China: A Collision Course over Taiwan*. New York: Palgrave Macmillan.

8. Council on Foreign Relations (2003) *Chinese Military Power*. Washington: Council on Foreign Relations Press.

9. Council on Foreign Relations (2006) *The Scope of China's Military Threat*. Washington: Council on Foreign Relations Press, available at http://www.cfr.org/publication/10824/.

10. Feffer, John (2007) "China the Indispensable?" *Foreign Policy In Focus*, March 9, available at http://www.fpif.org/fpiftxt/4070.

11. Feng, Yongping (2006) "The Peaceful Transition of Power from the UK to the US", *The Chinese Journal of International Politics*, 1(1): 83-108.

12. Gilpin, Robert (1987) *The Political Economy of International Relations*. Princeton: Princeton University Press.

13. Gu, George Zhibin and Frank, Andre Gunder (2006) *China's Global Reach: Markets, Multinationals, and Globalization*. Palo Alto, CA: Fultus Corporation.

14. Guo, Sujian (2006) "Introduction: Challenges and Opportunities for China's 'Peaceful Rise'", in Guo Sujian (ed.) (2006) *China's Peaceful Rise in the 21st Century: Domestic and International Conditions*. Aldershot: Ashgate Publishing.

15. Guo, Sujian, (ed.) (2006) *China's Peaceful Rise in the 21st Century: Domestic and International Conditions*. Aldershot: Ashgate Publishing.

16. Hart-Landsberg, Martin and Burkett, Paul (2004) "Contradictions of China's Transformation: Domestic", *Monthly Review*, 56(3): 55-79.

17. Hart-Landsberg, Martin and Burkett, Paul (2004) "Contradictions of China's Transformation: International", *Monthly Review*, 56(3): 81-108.

18. Hastedt, Glenn P. and Knickrehm, Kay M. (eds.) (2003) *International Politics in a Changing World*. New York: Longman Publishers.

19. He, Wenping (2007) "All-Weather Friend: The Evolution of China's Africa Policy", in Kwsi Kwaa Prah(ed.) *Afro-Chinese Relations: Past, Present & Future*. Cape Town: The Centre for Advanced Studies of African Society (CASAS).

20. Hoge, Jr James F (2004) "Global Power Shift in the Making", *Foreign Affairs*, 83(4): 2-7.

21. Huntington, Samuel P. (1993) "The Clash of Civilizations?" *Foreign Affairs*, 72(3): 22-49.

22. Huntington, Samuel P. (1999) "The Lonely Superpower" *Foreign Affairs*,

78(2): 35-49.

23. Ikenberry, John G. (2008) "The Rise of China and the Future of the West", *Foreign Affairs*, 87(1): 23-37, available at http://www.foreignaffairs.com/articles/63042/g-john-ikenberry/the-rise-of-china-and-the-future-of-the-west.

24. Jiang, Ye (2002) "Will China be a 'Threat' to Its Neighbors and the World in the Twenty First Century?" *Ritsumeikan Annual Review of International Studies*, 1: 55-68.

25. Kasplan, Robert (2005) "How would we Fight China", *The Atlantic Monthly*, 295(5): 49-64.

26. Kegan, Robert (1997) "What China Knows that We Don't: The Case for a New Strategy of Containment", *The Weekly Standard*, January 20: 3.

27. Kagan, Robert and Kristol, William (2000) "The present danger", *The National Interest*, (59): 57-69.

28. Kegan, Robert (2005) "The Illusion of 'Managing' China", *Washington Post*, May 15.

29. Kennedy, Paul (1989) *The Rise and Fall of the Great Powers*. New York: Vintage Books.

30. Kim, Sung Won, et al. (2009) "Eastphalia Rising? Asian Influence and the Fate of Human Security", *World Policy Journal*, 26(2): 53-64.

31. Kindelberger, Charles P. (1973) *The World in Depression*, 1919-1939. Berkeley: University of California Press.

32. Kissinger, Henry (2009) "Rebalancing Relations with China", *Washington Post*, August 19, 2009, available at http://www.washingtonpost.com/wp-dyn/content/article/2009/08/18/AR2009081802850.html.

33. Klare, Michael T. (2000) "Permanent preeminence: US strategic policy for the 21st century", *NACLA Report on the Americas*, 34(3): 8-15.

34. Krauthammer, Charles (1995) "Why We Must Contain China", *Time Magazine*, 146(5): 72.

35. Kynge, James (2006) *China Shakes the World: A Titan's Rise and Troubled Future – and the Challenge for America*. New York: Houshton Mifflin Company.

36. Lampton, David M. (2008) *The Three Faces of Chinese Power: Might, Money, and Minds*. Berkeley: University of California Press.

37. Li, Minqi (2008) *The Rise of China and the Demise of the Capitalist World Economy*. New York: Monthly Review.

38. MacDonald, Greg and Yow, Yit-Seng and Li, Xing (2009) *Innovation in China: The Dawning of the Asian Century*. London: Adonis & Abbey Publishers Ltd.

39. Manji, Firoze and Marks, Stephen (eds.) (2007) *African perspectives on China in Africa*. Oxford: Fahamu.

40. Mearsheimer, John (2006) "China's Unpeaceful Rise", *Current History* 105(690): 160-162.

41. Möckli, Daniel (2007) "The Rise of China: Regional and global power shifts", *CSS Analyses in Security Policy*, 2(8): 1-3.

42. Pfaff, William (2001) "The Question of Hegemony", *Foreign Affairs*, 80 (1): 221-232.

43. Prah, Kwesi K. (ed.) (2007) *Afro-Chinese Relations, Past, Present and Future*. Cape Town: The Centre for Advanced Studies of African Society (CASAS).

44. PRC (2005) *White Paper on China's Peaceful Development Road*. Beijing: State Council of the Chinese Peoples Republic, Information office.

45. Ramo, Joshua C. (2004) *The Beijing Consensus*. London: the Foreign Policy Centre.

46. Rice, Condaleezza (2000) "Campaign 2000: Promoting the National Interest", *Foreign Affairs*, 75(1): 45-62.

47. Robinson, William I. (1995) "Pushing Polyarchy: the US-Cuba case and the Third World", *Third World Quarterly*, 16 (4): 643-659.

48. Ross, Robert S. and Zhu, Feng (eds.) (2008) *China's Ascent: Power, Security, and the Future of International Politics*. Ithaca, NY: Cornell University Press.

49. Schubert, Julia (2003) *Hegemonic Stability Theory: The Rise and Fall of the US-Leadership in World Economic Relations*. On-line publisher: GRIN

Publishing.

50. Schwarz, Benjamin (1996) "Why America Thinks It Has to Run the World", *Atlantic Monthly*, 277(6): 92-102.

51. Schwenninger, Sherle R. (1999) "World Order Lost: American Foreign Policy In The Post-cold War World", *World Policy Journal*, 16(2): 42-71.

52. Shambaugh, David (2006) *Power Shift: China And Asia's New Dynamics*. Berkeley: University of California Press.

53. Shaw, Timothy M. and Breslin, Shaun (2007) *China and the Global Political Economy*. London: Palgrave Macmillan.

54. Sun, Yat-sen (1999) "National Morale and World Tranquillity", in Lewis Copeland, Lawrence W. Lamm and Stephen J. McKenna (eds.) *The World Great Speeches*. New York: Dover Publications.

55. Wallerstein, Immanuel (1974a) "The Rise and Future Demise of the World Capitalist System: Concepts for Comparative Analysis", *Comparative Studies in Society and History*, 16(4): 387-415.

56. Wallerstein, Immanuel (1974b) *The Modern World System I: Capitalist Agriculture and the Origins of the European World-Economy in the Sixteenth Century*. New York: Academic Press.

57. White III, Lynn T. (2007) "America at the Taiwan Strait: Five Scenarios", *Asia Perspective*, 3(3): 5-40.

58. Zheng, Bijian (2005) "China's 'Peaceful Rise' to Great-Power Status", *Foreign Affairs*, 84(5): 39-48.

第3章　中国和国际援助制度：转型还是融合？

1. 引　言

随着中国最近在发展援助方面以及在国际体系其他领域中逐渐上升的参与度，世人尤其是西方越来越关注中国在这个充斥着权力和扩张的世界体系中的地位和影响。根据一位援助体系官员纯技术层面的评估，中国的援助活动对整个援助体系产生了影响。这个全新的强大对手因其拥有能够改变海外发展援助现状的能力而正成为障碍。[①] 从政治道德思想的立场来看，以下观点更不乐观：在急需负责任和善意的援助组织的地方，中国的相关组织却漫天要价，甚至不去过问。如果他们继续成功地推行他们的发展模式以替代现存的模式，他们将成功地构建起一个更腐败、混乱和集权的世界。[②] 然而，中国官方却认为，关于对中国援助的种种担忧均是庸人自扰：中国正在吸引外资，而为了达到一种平衡，中国希望通过自主建设基础设施来帮助发展中国家。况且，帮助邻国改善生活水平也是合情合理的。[③]

这三位作者无疑针对中国的对外援助活动提出了三种既不同却又相关的观点。然而，这三点的共性是都注意到尽管在过去的几年中关于援助政治性的讨论没有涉及中国，但如今其决不能忽略中国。事实上，任何有关援助的分析和认识，都一定会包含中国从中所起的作用及国际系统中权力关系的因

① 该官员是Tom Crouch，他是亚洲开发银行驻菲律宾地区总监。

② 持该观点的是Moisés Naím，他是《外交政策》主编。

③ 持这种观点的是金立群，他是亚洲开发银行副行长，中国的前财政部副部长。

素，还需结合思想、规范准则和价值观的影响。

这就是这章的主旨。它试图理解中国作为行为体在援助体系中的参与以及它对重建援助体系性质的暗示。中国是在根本性地重新定义该援助体系中运行方式的本质（即漫天要价而逼退其他参与者）并且挑战该体系下的标准原则呢？还是这仅是一个援助体系中在帮助贫困邻国而不附带相关衍生物的行为体？这一章提供了相关问题的答案。简而言之，这一章列举中国援助非洲的例子来试图理解并评定中国援助的本质，以及如果其对国际援助体系产生影响的话，它的影响又是些什么？本章节由如下内容构成。紧随其后的是一个关于国际援助的讨论以及大体上它在国际体系权力关系中，尤其是在非洲的发展上的角色。接下来的是对中国援助体系的讨论，重点是它的历史、特性和对非洲发展的影响。完成这些经验主义分析后，下章将对主流援助体系和中国援助体系进行比较。对比之后，最后一章将会把这些讨论汇总并评估中国对国际援助的影响。

2. 援助体系：充斥着权力关系的国际体系

毫无疑问，国际发展援助体系在全球范围内对于促进发展还保留着最具实力、最持久的结构性影响力。为了促进广大贫穷发展中国家的发展而建立于二战之后的援助体系，已成为一个独具特点、强有力的新型国际关系体系，反映了全球范围内的权力关系，并不断地发展和构建地区、国家和局部层面上的子系统和全球的组织化框架。作为一个系统，它以转让让步性资源来促进和引导国家的发展，依靠支出数十亿美元和拥有强大的概念上和制度上的权力来为全球性的机构和政策定型。

这是一个包括捐赠国和接受国的系统。捐赠国方包括经济合作与发展组织中的大部分发达国家，在2001年，接受国方有超过160个国家接受了援助。援助的大部分集中在亚洲、撒哈拉以南的非洲最贫穷国家，但是也给予中东欧的中等收入国家实质性援助。正如前面章节提及的，很大程度上，正是资金的流动和资源流动的特点产生和延续了该体系，并明确了其和世界其他部分和组织性结构其他部分的边界。因此，理解这种资源的流动成为了衡量权力关系的先决条件和体系主体对各行为体产生影响的因素。国际援助的主要来源是官方援助，其余是私人捐赠和投资，即私人援助。在1998年，479亿美元税款被捐出用于海外发展援助。

提供官方援助的主要机构被分为双边机构和美国体系中的多边机构，其中双边机构是指北欧国家中用于发展特定项目的机构。在1997年，70%的官方援助通过双边途径被分配，余下的则通过多边渠道。大体上，这个体系中的国际金融机构，即国际货币基金组织、世界银行及其地区性的姊妹发展银行，为经济的稳定和改革以及发展性投资提供贷款。美国机构代表性地利用了拨款资金。私有援助体系（即基金会慈善机构和国际性非政府组织和援助体系）也致力于拨款原则，资源从这两条途径均可流通。例如，在1985—1992年期间，发展中国家在报酬和利益方面转让的比他们从北方得到的多。在这些年里，平均每年从南方到北方流动的资源价值达443亿9千万美元，这个数字在1993年再次变得可观，净流入南方的为114亿美元。

援助体系是一个有层次的系统，捐赠者掌权，因为捐赠者拥有财政资源、对定义的控制力、有不平等的分配权，尽管这有时恰恰相反。这个援助系统由不同级别的子系统构成。这些子系统都有它们自己的历史、逻辑和内部动力。在大多数国家，援助系统是相对自治和独立的，有自己的发展原则体系和价值目标。尽管存在差异，但是所有这些子系统能够和其他核心捐赠国的子系统构成一个更庞大的多国参与的总援助体系。主要参与者一直都会给出占主导地位的论述，这些参与者包括捐赠者、受援国和非政府组织。这个主导的发展性的论述可能会随着时间而改变，但在一定时期内它是占主导地位的，它影响着体系中参与国的政策回应。结构上，体系参与者主要通过资源流动和沟通交流参与其中。这些成员包括：公共和私人捐助者、受援助政府、国际间非政府组织和当地非政府组织，可以抽象地看成是河流及其支流。一个河流系统由沟渠和水库两部分构成，这个河流系统可以被看作是由不同的子系统或不同的支流或河流三角洲构成。以此类推，在社会系统中，受援助政府和非政府组织是支流，捐助者和财政资源则是水库。

援助体系是一个鼓励不同形式的社会融合并使之制度化的系统，尽管使用了融合这个词，但还不能断定关系是所形容的那么和谐，这里所使用的术语“社会融合”和“系统融合”包括秩序和冲突。[①]事实上它已经融入一套国际政权制度，包含一系列标准、原则和程序来捍卫某些特定的经济、意识形态上的利益和来提高国际社会的稳定性。

援助体系的影响作用于经济转型、制度安排和政策框架。在20世纪90年代，可以通过诸如SAPS、ERPS的税收政策手段看出援助体系的独特影响。干预的实质随着程序上的改变而改变。所以，像PRSPS这样的程序变为重要的援助效力以及非国有渠道的使用。对于理解国际援助体系实质和体系权力实质变得尤为重要。援助机构对非洲具有绝对影响，对非洲国家在机构和改革方面上保持着有效、持久的结构性影响。在许多非洲国家，它资助了发展性干预，形成了机构性安排，建造了政策性选择。非洲为社会进程提供了间接的组织。在其他国家中，援助体系的影响愈加的边缘化。然后，它的概念、机构、行政安排和财政资源有利于形成非洲大陆发展和政策最具关键性的方面。

3. 中国对非洲的援助：连续性和间断性

作为一个新兴的参与者，中国援助体系缺乏组织性和发展良好的支持性服务，这些支持服务由援助调查机构、官方援助机构的评估部门和整个顾问产业构成，它们在西方的援助体系内得到了充分的发展。一份关于中国援助非洲的研究就指出，关于中国援助体系这方面的了解很少，但体系的框架正逐渐形成。

首先，中国的援助并不新鲜。实际上认为中国对非洲国家的援助，在某种程度上来说，毛泽东时期的20世纪50年代的援助是富有逻辑、动因清晰

① 在进一步的论述中，Tvedt（1998）指出，在文学中，关于社会整合和系统集成，经常被认为是冲突的。理论家强调，社会成员的冲突是社会变革的发动机，而实用主义者则贬低社会成员的角色，反而强调体系之间的关系。这两种做法都不充分，只看到了一方面。我们的任务应该克服这种二元论。微观和宏观的区别不能通过以下措施来克服：即把社会整合当作某些情况下社会成员应该获胜，而系统集成则不是。这种不满意是因为面对面的互动在微观进程中没有被限制，而宏观的进程可能有面对面的互动。

的。尽管中国是一个贫穷国家，但它认为自己应该承担起帮助那些需要帮助的小国家的责任来。毛泽东在他的“三个世界理论”[①]中提到非洲是第三世界革命力量的关键部分，但远远不仅是帮助贫穷的非洲国家，中国的援助也有其他动机，包括抵消受自台湾地区的援助。例如，20世纪60年代至70年代，中国援助安哥拉时台湾正在援助其邻国南非。而且，中国援助的形式还包括拨款，投资，援助，无偿援助以及政府对投资的保证。

从20世纪40年代到现在，中国援助非洲可以分为三个不同的阶段：

第一阶段是从20世纪40年代末到20世纪70年代末。这一阶段的显著特征是：中国通过援助来支持其他社会主义国家和解放运动，将援助用作是一种道德的意识形态及外交政策的工具。不仅如此，它还有战略上的考虑，意图以此来对抗苏联在非洲的影响，以及通过专门援助那些拒绝承认台湾独立和自主的非洲国家来促进一个中国的政策，这种关系通过一种双边的战略使中国获得非洲新兴独立国家的支持，中国援助发展过程中的里程碑事件发生在1964年，那时周恩来总理出访了马里和加纳，并在两国提出了著名的中国经济和技术援助的八项原则，这八项原则充分表达了中国想要和亚非新兴国家在经济与文化领域加强合作的强烈愿望。[②]

截止到1965年末，38个非洲国家中有17国承认了新中国（有14国仍同台湾保留外交关系），有至少12个国家联合建立了解放运动联盟。但是，随

① 毛泽东有关国际关系的三个世界理论将世界分为了三个政治经济集团：美苏属于第一世界，中间的部分包括日本，欧洲，澳大利亚和加拿大属于第二世界，中国和广大发展中国家属于第三世界。

② 这八项原则是：第一，中国政府一贯根据平等互利的原则对外提供援助，从来不把这种援助看作是单方面的赐予，而认为援助是相互的。第二，中国政府在对外提供援助的时候，严格尊重受援国的主权，绝不附带任何条件，绝不要求任何特权。第三，中国政府以无息或者低息贷款的方式提供经济援助，在需要的时候延长还款期限，以尽量减少受援国的负担。第四，中国政府对外提供援助的目的，不是造成受援国对中国的依赖，而是帮助受援国逐步走上自力更生、经济上独立发展的道路。第五，中国政府帮助受援国建设的项目，力求投资少，收效快，使受援国政府能够增加收入，积累资金。第六，中国政府提供自己所能生产的、质量最好的设备和物资，并且根据国际市场的价格议价。如果中国政府所提供的设备和物资不合乎商定的规格和质量，中国政府保证退换。第七，中国政府对外提供任何一种技术援助的时候，保证做到使受援国的人员充分掌握这种技术。第八，中国政府派到受援国帮助进行建设的专家，同受援国自己的专家享受同样的物质待遇，不容许有任何特殊要求和享受。

着1966年文化大革命的爆发，中国政策和行动有所变化。和同世界其他国家的关系一样，中国和非洲的关系大不如前。尽管减少了合作性活动，在某些情况下推迟或终止了联系，但和一些非洲国家的关系反而增强了，例如刚果（布拉柴维尔），坦桑尼亚和赞比亚。从1975—1978年，中国在非援助项目主要在轻工业、农业、医疗和运输方面，特别是不久之后开始建设的坦赞铁路。这条铁路是中国投资、执行的一个重要项目。1970年开始建造，6年后开始合作。在那个时期，这是中国有史以来最大的一项对外援助项目。这条铁路建造是为了服务于内陆国家赞比亚开通去罗得西亚和南非的铁路线。中国政府赞助修造了这条铁路主要是为了消除赞比亚对罗得西亚和南非的经济依赖。

中国对非援助的第二阶段，是邓小平领导的第一个十年（1979—1989年），以意识形态分歧的结束，实用主义的开始，对非援助逐渐减少而显著。这是一个首次描绘了意识形态框架终结的时期，同时，实用主义兴起。当设想大体上没有发生改变的时候，这一阶段只不过是被描绘成因中国同莫斯科和华盛顿关系的改变而导致中国援助的减少，以及对中国低迷经济的国际化承认。此时重点放在了互惠互利和经济的可持续发展上。到1988年，在贸易关系上升的情况下，只有13个非洲国家接受了中国的帮助。例如，在1976年到1980年间，中国对尼日利亚的出口由12.8亿美元到37.8亿美元；在这个时期对非贸易总值上升70%；在1984年，中国承诺援助25.89亿美元，援助承诺虽然减少，但仍然成为非洲第六大援助国。

目前是第三阶段，随着2000年中非合作论坛的建立和2006年中非政策①的发展，后天安门时代到来了，这是一个以从未有过的制度化为标志的时代。总的来说，这一阶段的显著特征是双管齐下，既提高援助量，又使中非间的援助关系制度化。概念上的对非援助只停留在南南合作的层次上，而没有形成南北观念。所谓南北观念即指西方和非洲之间的传统援助。后面将会提到，这包含了对关系的实质理解和援助体系内中国的潜在影响的暗示。这一阶段同时也以恢复在非利益为标志，（对非）援助款项从1998年的6000万美元提高到3.75亿美元。基于中国对资源、市场和投资机会的需求，扩大合

① 全文见 http://www.gov.cn/misc/2006-01/12/content_156490.htm。

作是必要的，并且这些形势导致了中非论坛的成立，其目的是开辟新渠道，通过改变对非洲政府的传统发展路线来提高政治权利。2006年中国的对非政策和2007—2008年北京行动计划的发展纷纷显示了中国对非兴趣正与日俱增，在这种关系制度化的背景下，中国总理温家宝在中非合作论发表谈话承诺中国将做到以下几点：

• 到2009年为止将2006年的对非援助量翻倍

• 在之后三年内对非提供30亿美元的优先贷款和20亿的优惠信贷

• 成立中非发展基金会，鼓励中国企业家在非投资达50亿美元来提供援助

• 通过2005年底前将会成熟的非盈利政府贷款形式，取消与中建交的非洲严重负债的贫穷国家和落后国家的债务

• 对于与中建交的非洲落后国家将出口至中国的零关税项目从190个提高至440个

• 在之后三年中，在非洲成立3到5个经贸合作区

• 在之后的三年中培训1500个非洲专家，将100个高级农业专家送到非洲。成立10个特殊农业技术示范中心，建立30所医院，拨款3亿人民币来提供2号青蒿素，建立30所疟疾预防与治疗中心来防止疟疾，派遣300名青年志愿者到非洲，建立100所农村学校，增加中国政府资助奖学金和学生数量，从当前每年2000名预计到2009年提高至每年4000名。

列单范围内的承诺已经做到，尽管中国的承诺动机——中国援助对非洲的大体发展是有利还是有害——仍在争论之中。在这些争论中，依然存在着这样的事实即这些承诺本身描绘了一个中国同非洲关系的新阶段——一个中国承诺对非有组织的、扩展的援助时期。

中国援助的第二个方面相较于占优势的欧洲涉及到了概念、交付和中国援助的相关方面，即援助的实践。实际上，中国对非洲、对别处的援助不仅在数量和历史发展方面显得重要。相反地，其重要性通过同西方援助体系的实践相比较而显现。第一个不同之处是援助的概念，从概念上来说，中国的援助基于一个发展中国家帮助另一个发展中国家，所以否认了援助体系中的

概念秩序，就像体系中南北国家间的问题一样。这其中有真实的、同样有象征意义的含义，这些会随后讨论。另外，中国的援助被认为是一个双向过程，从中国和接受国彼此的利益来定义。实际上，这是中国政府政策来支出援助使中国在经济上获利，即以贷代款、技术援助、基础设施建设的主动权等对中国投资有利的方式来实行援助。所以，这是中国援助非常重要的一个维度，这同邓小平时期经济实用主义相关，是双赢经济模式和贸易关系的体现，而不是减贫。这是对传统援助的偏离，不同于向接受国提供帮助，即使这在实践中不是一直都能体现出来的。

但是最重要不同点之一可能是涉及到援助传递的渠道。传统的西方援助依靠于各种渠道包括多边渠道（例如世界银行、联合国机构、欧盟援助）、双边渠道（丹麦国际开发署、美国国际开发署、加拿大国际开发署、北美防空联合司令部等）、私有组织（非政府组织、民间志愿组织、公民社会组织）。实际上，对于西方援助来说，尤其是非政府组织在20世纪80年代变得愈加重要，在发展论述中，这被称为是一个“非政府组织”的十年的时期，因为非政府组织在发展中显现出它们的重要性。另一个方面，中国援助的传递，专一地依赖于双边渠道，到了非国家行为体参与的程度，它们一般是私有公司来实现基础设施建造的项目。所以，中国援助都是通过私有或国有的企业来完成。所以，非政府组织在援助中的渠道自20世纪80年代建立，在西方援助中变得愈加重要，但没有在中国援助的履行上起作用。同样缺乏的有其他各种参与者的服务机构，以及部分传统西方援助。这包括了咨询公司、发展学院、外交官这些传统援助中的基本的部分。例如在一个世界银行实践的对照中，珀莱兹·简认为中国的援助很少包括昂贵的咨询费等，而这些在世界银行项目中却很常见。当然仍还有其他一些领域，如援助和迁移的交叉，援助和贸易的交叉，在这些方面，中国的援助模式不同于西方的模式。

4. 援助体系中重建权力关系

中国援非案例显然表明在西方主导的体系中，南北关系和强权国家占统治地位，中国显然只是一个参与者，在非洲的案例中，中国的参与对非洲大陆的发展变得重要起来，尤其是在基础设施发展方面，但是这种参与的程度能否象征着援助体系中权力关系的结构性变化呢？换句话说，中国是在援助体系中重建强权吗？还是它已经成为一个用不同的做法却将逐渐融入体系的新的参与者呢？

为了回答这个问题，笔者将概括一下援助体系中权力是如何构建以及如何被影响的。在二战刚刚结束后的几年内援助体系建立起来，那时这个体系反映出处于全球各国的权力关系体系顶端的是美国，虽然它也受到来自苏维埃共和国的威胁，但仍有一批殖民地国家追随它。援助体系的成立除了反映了权力关系体系并使之制度化外，作为一个体系，它还有它施加影响的方式。具体而言，援助体系通过其财政转移、制度支配、概念支配和被认可的工具，从而来运用权力。对中国在体系中的角色的定位必须要认识到这种现实。

首先，尽管中国在国际体系中并不具有领导权，但实质上它在体系中地位已经改变了，不考虑衡量标准、影响领域，中国权力在国际权力等级制度中日益凸显，尤其在经济领域中，这种情况更加明显，在援助体系内部，中国援助的规模及对其提升的期望是援助体系内参与者经济权力变化的主要指标。例如在援助量方面，过去50年进程中，中国援助非洲国家达444亿元，自2000年起，中国取消了非洲31个国家超过100亿美元的债务，并且成立了价值55亿的基金会来支持非洲发展。中国援非总量估计已超出西方援助的量，例如在2005年中国给非洲国家尼日利亚、安哥拉和莫桑比克的贷款为80亿美元，超过世界银行贷款给整个非洲的总额，即23亿美元。相似的，在2006年，中国对非洲以贷款形式的援助是经济合作和发展组织成员国在同期对非洲国家贷款总额的3倍、美国进出口银行资助的25倍。

中国的援助同样因为实行的专注、直接的影响而引人注目，正如在肯尼亚的内罗毕的非洲经济研究协会的执行理事拉库瓦·威廉所说：

最初，北京方面的援助集中于国家体育场、“人民大会堂”等。现在有了更实际的侧重点：建造公路、水坝和政府大楼；升级资源分配系统；安装沼气工厂等诸如此类的。派送的医疗团队、农业专家仍然是中国对非帮助的中流砥柱。中国国外援助趋于专注基础设施和教育，这些都是西方实体上不曾削减资助的领域。

类似地，在中日对非援助没有彻底统一的时候，索图门认为这是在关键方式上与西方援助不同：

中国的援助通常由腐败统治者分配，他们不会用钱来买梅赛德斯－奔驰……通常以基础设施的形式，比如内罗毕的公路网或是肯尼亚和卢旺达的公路、或是采用派遣医生护士向接触不到医疗的人提供医疗救助。另外，中国建立奖学金提供给读大学的非洲学生和提供不断增长的资金鼓励商人在非投资。

塞拉利昂驻中国大使观察到了这个方式的整体影响，索图门认为中国的援助在非洲得到了可预见的结果和影响。“G8国家正在投入大量资金，但他们并没有看见如此效果”，这些结果包括在埃塞俄比亚新建的公路，内罗毕公路系统的更新，以及一个在加纳耗资五亿六千两百万美元的水电站建设。

有必要强调的是，并不是中国援助资源的多少让中国在援助体系中起关键性角色。而是其资助资源的不断上升把十年前还在这个领域的领导者给比下去了。同时，这种援助开始成为非洲发展的主要工具，它本身反映了中国能够常规性地召集非洲领导人们。肯定的是，这并不意味着中国使其他传统领导者变得不相关或无实权，至少它目前没有。所以有压力的是过去十年里，中国很快地成长为在国际政治领域里一个重要的国家，然而仅仅在二十年前它还是一个无足轻重的参与者。

这个援助系统的权力并不仅仅在于其经济来源，事实上这个援助体系仍是“关于发展的主流观点不断演化，实施和淘汰的场所”，政治上我们承认援助体系内的强权参与者——世界银行，联合国，主要资助国和最大最有影响力的发展性非政府组织——主导着关于发展的想法与策略的演进和实施，正如亚伯拉罕森所提出的，援助系统和它最有权力的制度的参与者是不断更新和完善“关于怎样更好地实现发展的知识”，并且它也通过无数的组织使得关于发展的法令从各种内行的官员渗透到亚、非、拉当地的环境。

从这个角度来说，世界银行和联合国开发计划署都是同一个援助体系的一部分。在这个体系内，关于发展的主导思想诞生、采用、否定、变形或者是实施，并且体系的参与者为了取得在发展观念和实践上的支配统治地位而相互竞争，在援助体系中定义什么是好的援助什么是坏的援助，以及将这些定义强加给受援国的权力从概念上说也许是参与者权力最有效也是最伤脑筋的使用，因为它影响受援国的元首，比如在非洲，一些时事评论员争论说援助体系内所定义的权力对这片大陆有十分深远的影响，因为不像其他援助实践，他们寻求塑造发展路线本身。

中国加入援助体系正在改变传统援助体系中塑造发展路线的权力，因为它提供了一系列新的观点和实践，这些观点首先是打破西方援助的垄断后再下定义，其次对受援国尤其是非洲具有很大的吸引力，这一系列新的观点和实践被纳入“北京共识”之下，在某些实际的方面它们背离了援助体系在政策与实践上的共识。尽管“北京共识”和中国，这两者在大体上并没有取代原有援助体系成为发展思想提供者的趋势，这些实践中的部分——包括国家的自我决定权，不干涉内政原则，发展中的国家领导权——挑战着过去20年流行的关于发展的正统说法，但是更重要的时，“北京共识”在过去10年成为一系列的附加条件，包括在复杂的政治问题的事务上给予受援国实施的选择权。问题的焦点并不是中国援助不包括附加条件。和官方政策一样，中国用对中国经济发展有利的方式提供援助，如实物援助、技术援助、基础设施建筑等支持中国的投资。不一样的是，这些附加条件和处于批评中心的棘手的主权议题没有关系。

中国援助最重要的影响也许是给援助接受者提供了机会，尤其是非洲国家，让他们重新思考了他们同那些在非洲发展中行使实质权力的西方援助国家的关系。举个例子，在最近的一次采访中，塞纳加尔总统阿卜杜拉·韦德称，非洲可以忽略欧洲，指望中国，因为中国向非洲提供了和欧洲一样的东西。这“更好的条件”包括没有和西方援助有关的侵入限制性。正如许多分析者所说，中国对非的援助是公正的，没有像欧洲政客对非援助那样被当作政治工具。实际上，大部分其他援助者（尤其是美国和英国，更不用说法国），中国没有利用政治和经济限制性要求来欺骗，这使得中国成为一个令人瞩目的援助者，尤其是在安哥拉和津巴布韦，例如国际货币基金组织、世界银行等国际金融机构正在尝试改变政府利用政治欺骗的行为。这也许由坦桑尼亚的第一位领导人朱利斯·尼雷尔在同意中国建造坦桑尼亚——赞比亚铁路的评论中，很好地提到了这样的观点：

> 中国人民没有要求我们变成共产主义者作为贷款的限制，他们从未建议我们要改变我们的政策——无论内在的还是外在的。

可以肯定的是，这本身并不表明在援助中是永恒不变的权力关系。但也不意味着在援助体系中的权力关系一定会发生变化。

5. 总　结

十年之前，在《外交事务》上有一篇题为《中国有问题吗》这样具有创意和挑战性的文章，杰拉尔德·西格尔称中国传统的影响常常被夸大，甚至一些夸大的戏剧性表演都被中国自身夸大了，中国在援助中的参与必然是一种戏剧性的表演。

中国的参与是否会导致援助体系内权力关系的长期和永久性的重新调整？或者说在过去中国与援助体系的“制度同构”特征相一致的情况下，是否其最终会被增补进已建立的实践与共识？换句话说，我们是会见证援助体系的汉化，还仅仅是这个行为体的增补，甚至这个行为体有时会有不同的表现？

和有关中国崛起的大多数事情一样，绝对的定论并不存在，原因是我们仍处在尝试评论的过程中。然而，我们也能注意到矛盾存在的趋势。一方面，如前所述，中国的参与已经改变了援助体系。如果不分析整合中国在援助体系中的相关行为，这个体系及其运作方式将不能被透彻理解。类似地，因为中方援助与已建立的西方援助体系相互影响，其自身也经历着改变。

然而，在最终的分析中，也许最关键的问题不是中国改变这个体系的程度抑或是其自身被援助体系所改变。事实上这个争论不应被看作是零和游戏。相反，被关注的应是中国的加入给援助体系目标带来的意义——援助发展中国家的发展。或许当涉及中国最近因援助目的而加入援助体系的含义时，问题应被重新表达。具体地说，中国加入援助体系及其对西方援助项目所造成的挑战，应代表那些传统上被支配的国家而作为一个重建权力体系的切入点。也许它提供了一个契机来理性地再思考，并解决西方援助体系中典型的病症，这其中包括有时对受援国事务的无理干涉，强迫对方执行其所认为最好的发展模式及其效率的缺失。如果中国的加入能取得这些成果，它将在重构体系方面扮演更加重要的作用，而不仅仅是向着对它有利的方向改变权力关系。

参考文献

1. Abrahamsen, Rita (2000) Disciplining Democracy: Development Discourse and Good Governance in Africa. London and New York: Zed Books.

2.Carlsson, Jerker, Somolekae, Gloria and van de Walle, Nicholas (eds.) (1997) Foreign Aid in Africa: Learning from Country Experiences. The Nordic Africa Institute.

3. Fowler, Alan (ed.) (2000) Questioning Partnership: The Reality of Aid and NGO Relations. IDS Bulletin, 31(3).

4. Gill, Bates & Reilly, James (2007) "The tenuous hold of China Inc. in Africa", The Washington Quaterly, 30(3): 37-52.

5. Guérin, émmanuel (2008) Emerging donors and global governance of development aid: What is China's role in Africa?. No. 03/2008 GlOBAL GOVERNANCE.

6. Hu, Wenping (2003) China–Africa Relations Facing the 21st Century. Beijing: Chinese Academy of Social Sciences.

7. Kankwenda, Mbaya (2004) "Forty Years of Development Illusions: Revisiting Development Policies and Practices in Africa", in Onimode, Bade et al. African Development and Governance Strategies in the 21st Century: Looking Back to Move Forward: Essays in honour of Adebayo Adedeji at Seventy. london: Zed Books.

8. Kaplinsky, Raphael; McCormick, Dorothy and Morris, Mike (2007) "The

Impact of China on Sub Saharan Africa", Paper prepared with support from the DFID China Office <http://www.uneca.org/eca_programmes/acgd/overview_Report.pdf>.

9. Kissling, Sandra (2009) Made in China? The Challenge of Chinese Imports on the Private Sector: A Case Study on the Furniture Industry in Accra, Ghana. Masters theses in Development and International Relations, Aalborg University.

10. Lyakurwa, William (2008) American and Chinese Activities in Africa – and African Priorities for the Future, BRENThURST dISCUSSION PAPER 6/2008, The Brenthurst Foundation.

11. Lancaster, Carol (2007) The Chinese Aid System. Center for Global Development, Georgetown, available at http://www.cgdev.org/content/general/detail/13953.

12. Li, Xiaoyun (2008) China's Foreign Aid to Africa: Overview (paper). College of Humanities and Development, China Agricultural University, Beijing.

13. Li, Xing (2007) "Paradigm Shift: From 'Washington Consnsus' to 'Beijing Consensus'", in prah, K. Afro-Chinese Relations: Past, Present & Future. The Centre for Advanced Studies of African Society (Casas).

14. Manji, Firoze, (2007) "Preface" in Manji, Firoze and Marks, Stephen (eds) African Perspectives on China in Africa. Oxford/Nairobi: Fahamu.

15. Manji, Firoze and Marks, Stephen (eds.) (2007) African Perspectives On China In Africa, Oxford/Nairobi: Fahamu.

16. Marks, Stephen (2007) "Introduction", in Manji, Fironze & Marks, Stephen (eds.) African Perspectives on China in Africa. Oxford/Nairobi:Fahamu.

17. Naím, Moisés (2007) "Rogueaid", in Foreign Policy, March/april 2007, available at < http://www.foreignpolicy.com/story/cms.php?story_id=3732>.

18. Nyerere, Julius (1974) Freedom and Development. dar Es Salaam: Oxford University Press.

19. Onimode, Bade et al. (2004) African Development and Governance Strategies in the 21st Century: Looking Back to Move Forward: Essays in honour of Adebayo Adedeji at Seventy. London: Zed Books.

20. Opoku-Mensah, Paul (2009) NGOs and the Politics of African Development: The Ghanaian Experience. Saarbrucken : VDM Verlag.

21. Opoku-Mensah, Paul (2007) "Can NGOS Make a Difference? Revisiting and Reframing a 20-year Debate", Forum for Development Studies, 34(2): 311-322.

22. Opoku-Mensah, Paul, Lewis, David and Tvedt, Terje (eds) (2007) Reconceptualising NGOs and their Roles in Development: NGOs, Civil Society and the International Aid System. Aalborg, Denmark: Aalborg University Press.

23. Prah, Kwesi K. (2007) Afro-Chinese Relations: Past, Present & Future. Cape Town: The Centre for Advanced Studies of African Society (Casas).

24. Perlez, Jane (2006) "China Competes With West in Aid to its Neighbors", New York Times, September 18. Availabe at: www.nytimes.com/2006/09/18/world/asia/18iht-web.0918aid.2845121.html.

25. Robinson, Thomas W. and Shambaugh, David l. (1994) Chinese Foreign Policy: Theory and Practice. Oxford: Clarendon Press.

26. Ramo, Joshua C. (2004) The Beijing Consensus. London: The Foreign Policy Centre.

27. Segal, Gerald (1999) "Does China Matter?" Foreign Affairs, 78(5): 24-36.

28. Sautman, Barry V. (2006) "Friends and Interests: China's Distinctive Links with Africa", Working Paper No. 12, The Hong Kong University of Science and Technology: Center on China's Transantional Relation.

29. Tvedt, Terje (1998) Angels of Mercy or Development Diplomats? NGOs and Foreign Aid. Trenton: James Currey Publishers, Oxford and Africa World Press (Reprinted in 2003).

30. Tvedt, Terje (2002) "Development NGOs: Actors in a Global Civil Society or in a New International Social System?" Voluntas: International Journal of Voluntary and Nonprofit Organizations, 13(4): 363-375.

31. Tvedt, Terje (2006) "The International Aid system and the Non-Governmental Organizations: A New Research Agenda", Journal of International Development, 18: 677–690.

32. Van de Walle, Nicholas (2001) African Economies and the Politics of

Permanent Crisis: 1979-1999. New York: Cambridge University Press

33. Wallace, Tina; Lisa Bornstein and Chapman, Jennifer (2006) Coercion And Commitment: Development Ngos And The Aid Chain, Rugby: ITDG Publishing.

34. Yu, George T. (1988) “Africa in Chinese Foreign Policy”, Asian Survey, 28(8):849-862.

第4章 移民与国家的崛起：中国与非洲的比较

1. 导 言

在中国的崛起已经是国际经济、政治与社会全景中的一个独特事实的时候，非洲国家也大胆地宣告了非洲复兴。在中国的崛起和非洲的复兴中，同样居于中心地位的是对移民的重新发现，而这被视为对国家的重建以及发展需要来讲是至关重要的。确切地说，这种对移民的“发现”或者“意识”自己也是特定历史时期的产物，此时跨国关系是国际体系运行方式和个别国家流动性的一部分。尽管存在着每个国家和地区迁移的历史因素的多样性，当代的现实是人们今天比起历史上的任何时期都更加超越国界，而成功的经济发展与整合也越来越有赖于人力资本的跨国流动。移民本来就是跨国的，其特征就是机遇限制并存，也面临距离和情感上疏远和亲密的矛盾。

除了对移民对中国经济崛起重要性的通常认知外，移民到底如何促进中国的发展、移民与其故乡的有机相互影响以及对中国的移民与其他国家地区，例如非洲的关联比较这些问题的关联分析却几乎不存在。这种局面一方面是由于缺乏用于比较的经验事实，但是同样需要为分析不足负责的，甚至更主要的则是缺乏一种通常的以及共有的分析框架。

本章寻求通过对移民在中国崛起中的作用及其对复兴的非洲的含义，进行历史的和经验的分析，从而填补这一知识缺口。本章同样在分析上有一定的抱负，特别是寻求能够帮助探究一组概念框架，来理解移民作为一种分析变量在国家建立中的作用。模板建立在以下三个支柱上：(1) 每一个移民的历史演化与形成，包括它在所在国的结构位置；(2)它的历史与当代作用，特别是与故土的政治经济整合相关的作用；(3)故乡对移民的制度上的回应。这一比较模板的本质是产生关于以下问题的洞察：(a)历史是如何塑造移民的认同及其与故乡的关系；(b)移民在所在国的结构性地位对其经济地位和移民在与故乡关系中的作用的决定方式，(c)故乡在其崛起过程中系统整合与机制化移民的作用的成功程度。本章最基本的目的，不是比较中国和非洲本身，而是使用中国和非洲移民的案例作为理解进程和因素影响移民对国家崛起贡献的切入点。本章的结构如下：介绍之后是使用上述的常见的分析模板，分析中国移民及其对中国发展的贡献。然后是对非洲移民及其对非洲发展和整合的影响。在上两个部分特别是中国方面的基础之上，第三个部分将讨论该研究比较意义上的含义。这一比较性评估的目的不是比较以及分享其本来的经验，而是要分析性地强调重要的变量，这些变量对理解任何移民群体对其故乡发展的联系与作用是至关重要的。

2. 中国移民与中国的发展

“中国移民”的常见英语表达是“海外华人”。因为各种各样的原因，“海外华人”常被中华人民共和国政府用来指代居住在中国大陆以外的华裔群体，而不论其国籍。但是，文字上的“海外华人”在汉语里有三个不同的内涵：“华侨”，“华人”和“华裔”。“华侨”的概念是指那些居住在国外但仍然持中国护照的人，但并不包括以下类别的人员，例如为外交使命和常驻机构工作的人，合同员工，游客以及留学生。更重要的是，不包括香港、澳门和台湾的公民，因为政治上这些地区不属于“外国”，而是中国的一部分(大中华区)。但是，因为历史原因，“中国移民”常常包括来自这三个地区的居民。“华人”的概念是指那些不仅是永久生活在国外，同时拥有外国国籍(持有外国护照的人)。“华裔”的概念既指华侨又指华人的后代(第二代及以后)，同时暗示他们是外国移民并且已经融入了所在国。

2.1 早期移民

中国移民现在的形态是迁移的结果。零星的迁移引起早期的在东南亚从事贸易或商业的移民，但是随着清王朝（1644—1911）的衰落，鸦片战争和太平天国运动之后的连续内乱与对外战争引发了普通中国人移民在19世纪中叶的迅速增加（Adam McKeown和Pierre-Arnaud Chouvy指出了中国移民的历史可能长达千年。有的移民致富或者结成了秘密社团；大部分移民是贫穷的）。大部分早期移民来自广东省东南部和福建省不识字的或者教育程度很低的农民，他们希望能在国外谋生，并且可以把剩余的收入汇回以支持老家的家庭。他们被称作"苦力"，也就是重体力劳动者，被送往或者迁移到北美、澳大利亚、非洲、东南亚和其他地区的国家。很多这些苦力涌入美国碰运气，在极度艰苦的条件下，工作在劳动密集型的矿业和铁路工程行业，例如在横贯美国大陆的铁路工程的建设中那样。这些苦力的生活是悲惨的，并且遭到了严重的歧视，许多都没有活下来。早期赴美的中国移民都遭受了排华情绪，这种情绪在排华法案中得到了最具体的反映。① 尽管存在障碍和中断，中国的移民仍在持续。而今，根据中国社科院（CASS）的一份报告指出，海外中国移民的数量已经达到了3.5亿，使得华人成为了世界上最大的移民群体。

2.2 世界上最成功的经济移民

一份领先的世界经济与管理领域的《世界商务》杂志提到，中国在东亚以及东南亚地区的移民曾经被泰国前国王称为"亚洲的犹太人"。可是，在这份杂志看来，华人在许多东南亚经济体取得经济霸权方面比犹太人过去在欧洲做得更为成功。华人的区域经济权力被这样描述：

> 在东南亚，他们支配了商业，尽管他们只占人口的一小部分。在五个主要的东南亚国家（印度尼西亚、马来西亚、菲律宾、新加坡和泰国），大约6%的人在人种上是中国人，但是这6%控制了这个区域60%上下的私有企业收入。印度尼西亚最极端地体现了这种支配，该国四分之三的300家最大的企业

① 美国联邦禁止中国移民的歧视性法案于1882年5月6日通过，在1943年该法案废除。

集团被印尼华裔商人全部或者部分拥有，这对只占人口3%的民族群体来说不是个坏结果。

有的研究者估计海外华人（所有居住在中国大陆以外的人）控制了2.5万亿美元的财富。这个数据即使与日本1995年的5.1万亿美元及美国7.2万亿美元的GNP相比，看上去也是令人印象深刻的。为了更好地被理解，如果我们用这个数据来进行基于人口的国与国之间的比较，这个数据就的确是令人印象深刻的，因为它比许多人口3.5亿的国家的GNP都要高，例如，印度7930亿美元，墨西哥753亿美元，巴西644亿美元。

国际上的认可海外华人在东亚和东南亚的企业与商业网络是这个区域经济腾飞和整合的推动力。基于一些学者的调查研究，华人资本主义的独特性，以及中国对华人资本的吸引与引导，使得华人资本与商业网络在中国的经济增长与沟通中国与本区域以及世界发挥不可替代的作用成为可能。华人资本的一个突出特征可以从其带来的在海外投资及市场与中国本土发展之间至关重要的协同效应中看出来。华人在移民资本与企业家精神与沿海地区海城乡急速发展的经济之间创造了最具活力的联系。

2.3 历史作用

在中国现代历史的特定阶段，海外华人在引领中国国内政治的方向上起到了重要作用，详细说来，华人成为政治和经济先锋，在内部变革特别是内部革命发挥了重要作用。很多支持中国国内改革与革命的资金来自华人，更重要的是，"现代中国之父"孙中山，在重要意义上也是一位华人。在13岁时，孙中山移民到夏威夷和他的哥哥一起住了5年。在1904年他成为了美国公民并被发给了美国护照。他领导了1911—1912年中国的第一次革命[①]，引发了清王朝的崩溃。他在1912年成为中华民国的首位临时大总统，同时是民族主义政党国民党（KMT）的创立者之一与初期的领导人。在那重大转变的岁月，绝大部分支持孙中山1911年革命的资金是从海外华人那里来的。

① 也称为1911年革命或者中华民国革命。革命推翻了最后一个王朝——清（1644—1911年），并将中国转变为一个共和国。它也被称为辛亥革命，因为1911年在中国农历的六十年周期循环中是辛亥年。

在20世纪50和60年代，由于内部政治斗争引发的混乱与文化大革命的影响，海外华人被当作可能有资本家或者反革命渗透者的嫌疑，与海外华人的关系被政治化了，并由修饰过的、强调以阶级为纲的爱国主义与其他革命运动进行国际大团结革命词汇表达。结果是，根据需要和国内革命政治的变化将对待海外华人问题，例如问题的定性、国籍和忠诚的悖论等，疏远了许多海外华人，让他们被台湾吸引了。尽管本文并不讨论台湾，但需要指出的是，大陆和台湾的争斗历史分裂了华人社区，在几十年内塑造了美国华人的政治发展。

自20世纪70年代的市场改革实施以来，中国党和国家对华人的态度已经从根本上基本改变了。已故的中国领导人邓小平将数以千万计的华人当作中华人民共和国在发展中可以利用的资源之一。华人没有再遭遇曾经的不信任，而其成员被视为政治和经济资产，他们拥有的专业技能和经济资本能在中国的工业化和整体发展中起到至关重要的作用。从20世纪80年代开始，中国政府通过多样的方式，包括返还1949年以来被充公的资产，来积极参与向海外华人寻求支持。

在近些年，随着寻求接受高等教育以及高水平研究机构的职位的学生、学者以及专业人才大量移居西方，中国政府启动了新的优惠政策，有计划地吸引90年代新移民的支持。出了提供外国直接投资（FDI）和财政资源来供给中国的经济增长，许多海外华人在促进中国的社会、文化和科教发展方面都起到了领导作用。

2.4 海外华人与中国的经济腾飞

海外华人是20世纪70年代末维持中国经济增长的主要经济与财政来源之一，这已经越来越被认识到并且成为共识。海外寄回的侨汇占到了中国增长与海外华人贡献的投资的相当比例，不夸张地说，华人是中国经济奇迹及其经济改革在过去几十年的持续成功的关键因素。

自从改革启动的早期，他们在中国与外部市场交易与合作、引入国际资本、打入全球市场以及出售国内商品的努力中就发挥了不可替代的作用。例如，外国直接投资（FDI）被视为中国快速增长背后的关键推动因素，而到1993年，在华直接外国投资的69%，也就是475亿美元来自香港的海外华人，而来自台湾的投资在1993年达到了64亿美元，根据中国方面的统计占到了全部外国投资的9.3%。《经合组织观察家》杂志指出，从1996年起，中国就是发展中国家中吸引外国直接投资最多的。而在2002年，中国创纪录地得到了527亿外国直接投资，超过了所有的经合组织国家并成为了最大的外国直接投资接收国。考虑这一点时，真正令人关注的事实是中国接受的累积外国直接投资来自海外华人为主的国家和地区，例如香港、台湾。

第一波外国直接投资主要来自海外华人，在20世纪七八十年代面临监管的不确定性以及针对“资本主义”的政治敏感性的情况下，他们是踏入中国不成熟市场的先驱。在90年代末和2000年以来，从北美和欧洲企业的直接投资流入增加了。在中国加入WTO以后，中国不得不减少对那些海外中国先驱的优惠性待遇，而他们曾经愿意冒着产权法律缺乏和政治系统不清晰的风险来对大陆进行投资。

海外华人资本的另一突出特征是华人投资者和地方政府的重要的协作，这种协作的程度在非华人的海外直接投资的相同领域是达不到的。华人资本在华人资本主义、企业家精神与中国沿海区域的经济繁荣之间开创了最有活力的联系。

3. 中国与海外华人互动的多重渠道

3.1 改革开放以来针对海外华人的大政方针

认识到3000万华人移民及其家庭成员是中国经济发展与现代化、国家统一与复兴的重要推动力量，中国党和国家有效地建立起了多官方、半官方以及底层机制来将海外华人整合到现代化与全球化的战略中，并以此达到更广泛的党和国家的政治合法性，来为中国的经济发展和扩展中国的政治影响力服务。这种战略及其实施从属于一个宽泛的历史集团概念“中国性”，也就是中华文明和中华民族。这种战略在与海外华人相关的政府机构与组织和从中央到地方的各级政府的政策与其实际执行当中，都得到了清晰的反映（见表格4.1）。

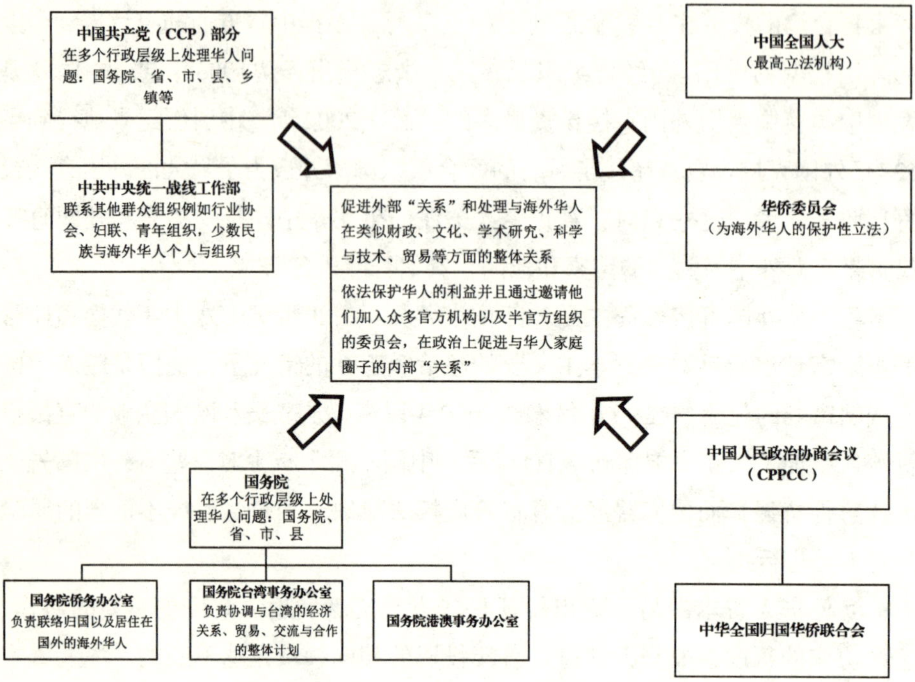

表4.1　中国提升和管理与海外华人关系的多重制度方法

3.2 海外华人的法律保护

为了法律上确保对海外华人以及他们在华整体利益的保护，全国人民代表大会在1990年9月7日通过了《中华人民共和国归侨侨眷权益保护法》，由1990年9月7日中华人民共和国主席令第33号发布。该法律在1991年1月1月起生效。根据《中国日报》报道，仅1990—2000年，全国各级负责海外华人事务的政府机构已经处理了超过70万件有关权益保护的案例。这部法律在实施10年后，在2001年进行了进一步修订。它旨在通过实际的以及优惠性措施，为海外华人的投资在诸如项目许可、营业登记和土地征用等事项提供高效和特许的服务。

3.3 海外华人：中国“国之要务”

行政上，海外华人事务是由“侨务办公室”进行管理的，该办公室在所有行政级别（国务院、省、市、县和乡镇）均有设置。在国务院这一最高级别，该办公室的主要目标是设计与规划涉国家所有有关海外华人事务的方针、政策和规章，并监督和检查其在各个地方行政层级的贯彻执行情况。该办公室同时开展对国内外海外华人事务的调查研究，为中共中央和政府在侨务工作的计划制定上提供信息和建议（见表4.1）。

在具体的规定中，这个办公室要执行以下一些具体任务：（1）协助总理管理侨务工作；审核有关部门和地方制订的直接涉及侨务方面的有关政策；（2）对有关部门和社会团体所开展的侨务工作进行必要的统筹、协调；（3）保护华侨的正当权益；增进海外侨胞及其社团的团结友好；（4）联系海外华文媒体、华文学校并支持其工作，促进海外侨胞在经济、科技、文化、教育等方面与我国的合作交流。

3.4 中共统一战线工作的一部分

统一战线工作部（简称“统战部”）是中共中央的关键部门之一。“统一战线”的最初概念是在抗战以及内战期间建立的。20世纪三四十年代中国革命的“群众路线”[①]战略是与葛兰西提出的“国家—人民的”与“阵地战”是一致的。中国共产党作为无产阶级的先锋队[②]，成功地将自身转型为一个支配的阶级。这是通过与所有社会力量结盟以及将它们结合到为创造集体意志而进行的阶级斗争，来实现国家独立和建立一个繁荣、平等的社会。

在经济改革时期，中共中央在经改后的统一战线战略是要联合所有国内国际的社会力量来服务中国的经济发展。当1978年邓小平在中国共产党十一届三中全会上恢复统战活动时，他强调了海外华人的投资将在为现代化项目引入资本和技术上发挥的至关重要的作用。邓小平主张，没有海外华人的经济投资和政治支持，中国就永远不可能实现其全部的经济潜力。通过统一战线战略在海外华人中提升爱国意识被许多西方国家误认为是在搞“第五纵

① 在战争年代，中国共产党对可能阻碍农民参与社会主义革命的障碍有深刻的理解。毛泽东也就此问题作了具体的调查。“群众路线”的战略就是为克服这些障碍而制定的。

② 中国共产党最初的权力来自农村的农民运动，而不是立足城市的无产阶级斗争，尽管确实有一些城市的起义。

队”[1]同时也被怀疑误导为一个潜在世界范围内的，由中国爱国主义下的企业精神维系的“中华联邦”的形成。

3.5 海外华人有组织的公民社会网络

在中国人民政治协商会议（CPPCC）[2]的领导下，中华全国归国华侨联合会是由归国华侨、侨眷组成的群众性组织。它的主要目的是作为中国共产党和政府与归国华侨、侨眷与侨居华人之间联系的桥梁而发挥作用。除了积极参与国家日常的政治、经济、文化与社会事务外，它的主要任务是作为华人相关事务共同管理者，开展咨询和监督工作来发动海外华人的全部潜力，为促进经济社会发展与国家统一做出贡献。

具体地说，该组织的实际任务也包括在一些领域的直接参与：（1）加强与海外华人及其亲属的关系，激发他们服务中国的热情；（2）发挥监督作用，反映华人的关切与愿望；（3）保护有关海外华人的权益，例如监督《中华人民共和国归侨侨眷权益保护法》，提升服务质量；（4）加强与新一代侨胞及其社团的联系，加强与华侨华人世界性、区域性组织的联系，积极参与基层活动。

简而言之，在过去30年我们目睹了一个双重进程的成功汇合：海华华人在促进故乡的经济成功与增进中国与区域以及全球经济的整合上发挥了积极作用，而中国系统地将海外华人在其发展计划中的作用加以整合与机制化。这个双重的过程由双边利益所驱动，并通过协调的和机制化的方式互相促进。需要强调的事实是中国已经建立了一个有效的制度构造来支持其优惠性的政策，网罗了有技能的华人并且获得了利益。

4. 非洲移民的形成：两只船的传说

全球体制现象中的一个显著特征就是非洲移民在全球的存在，这使其越

① 这一概念来自西班牙内战（1936—1939），指任何试图破坏国家团结的颠覆性代理人组成的秘密组织或者派别。

② 中国人民政治协商会议是中国共产党领导下的统一战线组织，也是其他民主党派、群众性组织和社会各界人士积极参政的组织。参见中华人民共和国中央人民政府网站。

来越被人称为非洲全球。非洲移民广泛分布的根源在于两个历史上的独特运动，或者说将非洲留在了不同的历史时期的两只船——其中之一并非主动，而另一个则是自愿的。这两只船中的第一只，也是造成非洲移民的主要原因就是横渡大西洋的奴隶贸易。正如Prah指出的：

除了在过去一个世纪往欧洲与北美的移民外，非洲移民发现自己今日所处的几乎所有的地方，都是他们曾经在很大程度上被痛苦而奴役地强迫前往的。在大西洋奴隶贸易时期，由于太多的非洲人被从他们的大陆带走，到1850年，大约有三分之一的非洲移民已经生活在非洲之外了。跨大西洋奴隶贸易在四个半世纪里（1441—1888年）从非洲各个部分，特别是西海岸，引起了大约1500万到2000万的非洲移民。

这一大西洋奴隶贸易使得非洲移民今日的分布十分广泛，在巴西、秘鲁、哥伦比亚以及整个中美洲、墨西哥、美国、加拿大和整个西印度群岛都可找到。类似的其他非洲移民定居在了西亚，像“稳定的细流”一样进入了印度、中美洲、巴尔干地区等。第一只船的非洲移民的迁移在很大程度上是非自愿的，代表着老的历史移民。他们在非洲以外的存在奠定了今日可以被恰当地称作非洲全球的基础。

奴隶贸易锻造的移民代表的是第一类移民，而近来特别是20世纪70年代以来非洲人的移民，也就是第二只船则导致了非洲的第二类或者后殖民地时代的移民。第二类非洲人的迁移主要是自愿的，但有时从这块大陆上战争和政治动乱造成的结果的意义上说，也是非自愿的。这种迁移是后奴隶贸易的现象，已经变为非洲移民重构的根基。这种资源移民更多是去往欧洲与北美的。在解释前往北美的第二类移民的形成时，Zeleza提到在欧洲和北美相继废止奴隶贸易和非洲人的被强迫移民结束以后，与其他移民团体相比只有少数非洲人离乡前往北美定居。实际上覆盖1850—1990年的数据显示美国生于非洲的移民人口从1900年的2538人上升到1930年的18326人，1960年的35355人以及1990年的363819人，也就是说超过四分之三的非洲移民是在1970年后进入美国的。

非洲在后奴隶贸易时期向欧洲的移民也是遵循一样的模式。从目的地上看，这类移民体现了殖民的影响，使得英国和法国成为了非洲移民欢迎的目的地。然而这种模式，也在其他欧洲国家如德国、荷兰、意大利、西班牙和葡萄牙成为目的地后有所改变，而直到20世纪70年代他们自己也是移民国家。通过不同的规模和与非洲大陆多样的交叉联系非洲移民的第一次和第二次迁移共同确保了一个非洲全球在全世界表面的分布。处于定义的原因，非洲移民的分布与非洲移民，是由以下内容概念化的：

历史上非洲人在全球的散布（自愿和非自愿的）；在国外以出身和社会条件为基础的文化认同的生成；和心理或者生理上对故土非洲的返回。这样看来，非洲移民具有动态的、持续的以及复杂的现象的特征，跨越了时间、地理、阶级以及性别。

在统计的角度，这一非洲全球据说由将近8亿居住在非洲人以及另外多达10亿在世界其他地方的非洲后裔组成，他们绝大部分住在美国，但是在巴西、加勒比地区、加拿大以及西欧的一些部分都构成了重要的群体（Bridgwater，2003）。例如根据2000年美国的人口普查，美国有34658190位非洲裔美国人。在自称西班牙裔的3500万人中至少有三分之一似乎有来自非洲的祖先。2000年时有接近180万来自加勒比地区的人居住在美国。居住在美国的人种有大约0.6%把他们看做撒哈拉以南的非洲人。保守估计，仅在美国就有至少5000万人有非洲祖先。加勒比海地区以及拉丁美洲很大比重的个人都有非洲祖先。联合国机构之一国际移民组织估计非洲移民在法国有1633142人，在欧洲其他国家有1500万人。

国际移民组织同时提供了富裕非洲移民的图景。非洲移民中大约22%的从事教学、教育以及研究职业，20%的从事金融、投资以及经济，20%的公共卫生，15%的工程，33%的农业，5%的信息科技，3%的法律，3%的行政以及1%的从事自然科学。2000年的美国人口普查显示出生在美国以外的撒哈拉以南非洲裔美国人（新移民）中，在25岁以上的出生在国外的个人中有着最高的拥有学士学位的比例（49.3%），与欧洲裔（32.9%）和亚裔（44.9%）相比较。在美国，至少38.2%的撒哈拉以南非洲裔的家庭拥有自己的住房，2000年人口普查显示他们的中等家庭平均年收入是36371美元，是在国外出生的家庭中最多的。根据美国的普查，在2000—2002年间，中等非洲裔美国人的家庭平均收入是29483元。2003年非洲裔美国人的拥有住房的比例是48%。美国人口普查中最近一次有相关可获得的数据指出在1997年，黑人拥有的企业雇佣了718300员工，产生了710亿美元的收入。

5. 移民与非洲发展和一体化的复兴需求

非洲移民的地位在很大程度上被其在所在国的发展所决定。近年来关于移民的论述的高涨与流行，是依据以下设想为前提的：非洲移民拥有巨大的能力，而事实上这是一种能被服务于非洲一体化与发展所动员起来的历史资源。非洲移民对这一双生的呼唤是如何回应，又产生了什么影响呢？

5.1 非洲移民与非洲政治一体化

对非洲统一计划的分析显示了非洲移民的重要作用。实际上在把非洲一体化计划作为历史记载的实践中，KwesiPrah指出非洲团结与一体化的概念正是一个移民的构想：

> 非洲团结的思想根源是在19世纪中期埋下的。与相关的思想如民族主义与泛非主义缠绕在一起，他们是作为在非洲的非洲裔后代以及移民对西方支配与剥削的持续体验的清晰回应而生成的。

他强调非洲一体化思想生成的主要原因曾经是现在也是移民得到的启发：与这块大陆的疏远，被强迫穿过大西洋的移民对原有部落的脱离以及同质化，以及可以参考AiméCésaire在其1939年名为“回归故土的随想”（Notes on a Return to the Native Country）的长诗中捕捉到的他们的渴望。非洲移民与非洲一体化联系的直接途径以及非洲联盟在2002年7月的启动，都被塔博·姆贝基在西印度群岛大学的一个演讲中指出来了。他提到去殖民地化思想的萌芽和发酵以及非洲大陆的自由的观念，都明显受到了非洲自由的移民中勇敢的先驱们的启发：

1990年，特立尼达的律师Henry Sylvester Williams在伦敦发起了第一次泛非主义大会，这次大会是全世界泛非主义政治与哲学运动的种子，也是最终引发了非洲联盟在21世纪初建立的催化剂。

他指出，移民的首创精神及其对这块大陆自由战士的启发，在对非洲大陆殖民制度的最后猛击中起到了决定性的作用。他继续令人信服地说明了1945年在英国曼彻斯特的第五次泛非会议对反殖民主义的思想家和行动家起到了重要作用，例如George Padmore和W.E.B. Du Bois，此外还触动了诸如Kwame Nkmmah这样年轻的非洲自由战士与知识分子，同时支持了最终看到了始自加纳解放的非洲独立与自由实现的斗。总之，就非洲政治一体化的影响而言，移民提供了该计划的思想和行动基础，但是其在这一理想的实现过程中的地位和作用知道最近才被认识到。实际上成立于1963年的非洲统一组织（OAU），作为推进非洲一体化的制度架构与框架采用了一种大陆取向，也就是从纯粹的地理角度构想非洲一体化，并在很大程度上与非洲国家的整合进行了合，而且排除了移民。2002年非洲联盟（AU）的建立显著地改变了非洲一体化讨论的术语，因为它的进程被构想为包括了非洲及其移民。这种概念上的转变在非洲联盟（AU）在2003年2月对宪法法令的改变——将非洲移民纳入非盟的活动，以及非洲一体化的进程中得到了实际的体现。正如之后将解释的，这导致了在统计计划中移民地位的合法化，尽管其准确的作用还在很大程度上有待测量与评估。

5.2 非洲移民与非洲经济发展

对非洲移民以及发展的讨论近年来势头上升，其发生的背景在于近期强调移民日益增长的经济实力的努力。例如，KwesiPrah指出处在任何非洲复兴计划中心的都是积累的过程，而这必然是大量投资与资本化的结果。为了进行这一积累，“非洲人必须能够吸引资本，特别是从非洲内部和非洲移民那里吸引资本，这就很像中国和印度成功地在过去几十年内做到的那样”。总之，非洲移民据说拥有重要的人力和经济资源来投入非洲大陆的进步。如果把这个与美国的环境联系起来，例如美国前负责非洲事务助理国务卿（现为美国驻加纳大使）Pamela Bridgewater的那样：

在美国差不多有3500万的非洲裔公民，每年他们的总购买力大概有4500亿美元。这个总数如果是由一个单独的国家表现的话，那这个国家就是世界前十五大经济体之一。

就这样拥有每年大概500亿美元购买力的非洲裔美国人，正在被劝告将他们与非洲的文化联系扩展到经济联系。同样的感情在欧洲的非洲移民那里也被唤起了，他们的日益增长的经济购买力和对非洲发展的贡献也正在被招徕。大体上非洲移民与其他移民群体一样，据说通过多种多样的方式贡献非洲的发展，包括为家庭和社区提供财政支持、建立小型企业、建立私人交通系统、促进新的住房建设以及开发手工企业，充当文化大使，帮助扩大和维持像学校和医院这样的公共基础设施以及通过他们的网络开始在特别是健康和教育领域提供服务。

尽管通过非洲移民投资论坛的建立，出现了越来越多的挖掘移民经济资源的尝试，然而关于有多少增长中的非洲移民的经济实力在实际上作为投资资本进入非洲的具体数据仍然缺乏。关于这类贡献的轶事一般的证据大量存在，但是经验核实却是缺乏的。正在被日益记录在案的是侨汇，世界银行指出仅汇回撒哈拉以南非洲的数量大概是40亿美元，超过了该地区收到的官方发展援助。国际移民组织指出，尼日利亚裔移民在1999年汇回了13亿美元，相当于该国GDP的3.7%以及55%的海外发展援助。将厄立特里亚视为故乡的非洲移民的侨汇占到了该国19.7%的GDP和85.5%的海外援助。更重要的是要注意这些侨汇并不包括非正式的汇款，而其数额可能会高于官方记录的数据。

在一个严重依赖外部援助的区域，这些移民的贡献对非洲国家是极其重要的。然而，从对比的角度说，后者更具体地从与中国移民的对比中，非洲移民的经济作用被怀疑是否能达到这些侨汇可以构成非洲发展所必需的外国投资的类型的程度。更确切地说，侨汇提供了确保家庭安全与减轻贫困非常需要的财源，也帮助兄弟姐妹、家族与朋友启动或者扩展生意，建造住宅以及从事自费的项目与投资。

但是这远远少于促进中国快速经济增长和发展的大量投资。大体上非洲移民的出资尽管数量很大而且正在增加，但难以集中在长期的投资项目上。这关系到了对非洲移民及其出资对非洲发展的作用的讨论，而这些讨论与移民实际的能力与出资的讨论是分离的。这类似关于20世纪90年代初对非政府组织的讨论，非洲移民日益被认为是“魔弹”（magic bullet），能够而且愿意为非洲大陆的一体化与发展贡献力量。但是可知的，或者说是无法获得的数据指出了非洲移民在非洲发展中的潜力的局限性。

这种局限或多或少是与非洲移民在所在国的结构性地位联系在一起的。实际上，非洲移民的一个显著特征就是无论他们在哪里，他们在全球种族的权力与特权等级中都分担着国家和社会的边缘性。不管在过去还是现在，非洲移民没有在任何地方可以主导经济生活。事实上在巴西，这一被普遍认为在非洲大陆以为有着最高的黑人集中度的地方，非洲裔巴西人也被说成是经济生活中“不可战胜的公民”，而在西半球的绝大部分地区情况也是一样的。例如海地就一直是“西半球最穷和最凄惨的国家之一”。

一个显著的例外也许是非洲裔美国人，他们见证了自己在美国社会结构性地位的显著改善，这尤其与文化和政治有关，那里的阿姆斯特朗、柯川、迈克尔·乔丹以及穆罕穆德·阿里这样的名字在全球都家喻户晓。连续两位美国国务卿科林·鲍威尔和康多莉扎·赖斯，以及巴拉克·奥巴马最近当选为美国的下一届总统，都是非洲裔美国人不断增加的经济影响力和进入美国权力梯队上层的例证，这足以说明他们结构性地位的改变。但是，即使在那里，仍然存在大量的区别对待和困难，同时他们也继续是美国社会的一个下等阶层。除了增长的变化外，非洲移民在欧洲也居于相似的地位。实际上在欧洲的例子里，有一位作者指出，欧洲化的事业已经创造了一个跨国空间，移民特别是非洲移民在这一空间内受到了排斥，并处在社会的下级的梯级。这不是贬低，甚至也不是低估非洲移民对非洲经济发展的贡献，只是将其置于范围内，并且也许是重新将其重新聚焦在它可以并且有能力做出成绩的领域，正如在高等教育的例子中一样。

总的来说，除了一定进展外，第一代和第二代移民在政治和经济上都是脆弱的。因此对他们作用的讨论也必须因他们在所在国的结构位置而更加温和。

6. 非洲移民与非洲国家

历史上非洲国家和移民之间的关系从通过充满冷淡和彻底的敌意点对点的交流，发展到了当今时期的友好和机制化的关系。但是总体上非洲移民和非洲国家政府间的关系仍然薄弱：

> 尽管非洲国家政府已经开始认识到移民对他们故乡发展能贡献的潜力，但在政府部分仍然缺乏在战略和机制上将这些潜力进行利用的严肃努力。除了使用标语（非洲媒体现在充满了类似“将人才外流转变为人才引进”这样的断语）和在内阁中创立一些部长职位或者由总统负责移民事务，但并没有吸引移民的战略。结果是，移民和故乡见机制化的关系仍然薄弱。

这仍然证明，在区域范围内为联系非洲移民构建制度化机制的愿望正在形成。正如前文所述，非洲联盟在2002年的建立已经启动了一些旨在机制化与非洲移民关系的努力。这方面的具体行动方案已经建立，首先就是将移民代表包括在了2001年6月11—14日和2002年6月11—15日的两次主要的非洲统一组织公民社会大会中，作为将非洲统一组织转化为非洲联盟的进程的一部分。实际上当前吸收移民的努力的起源是在2002年的第二届大会上。此次大会重点在公民社会能为非盟建立所做的贡献上，同时它也包括了移民代表。这次大会也选举了临时工作小组与非盟委员会共同工作，同时保持一年两次召开更大规模的大会。移民在工作小组中有两名代表，一位代表欧洲而另一位代表包括美国和美洲其他部分在内的西半球。

在正式启动以后，非盟寻求建立能使非洲移民正式参与新非盟活动的框架。例如，非盟委员会计划在欧洲和西半球启动非盟移民论坛。结果是，第一届非盟—西半球移民论坛在2002年12月17—19日在华盛顿特区召开。此次论坛通过努力将这一美国的项目作为一个全球非洲人的成就，开启了非洲移民和本土非洲人之间的机制化联系的进程。这一最初会议的结果是建立了一个在这点面上与非盟委员会对接的西半球移民网络（WHADN），而则以网络成立了由专家和来自各领域的行家组成的永久性工作小组。工作小组提出了在各领域进行有效合作的提案并由咨询过初期西半球移民网络秘书处的非盟委员会进行改善，从而使这些计划得到有效的支持并使之与委员会的政策需求相符合。这一网络也决定为美国非洲移民建立一个非盟教育捐助基金与非盟贸易和经济发展论坛，并且同意采取一系列措施为这些基金捐款，包括从薪水中扣除等。

到现在为止非盟在与非洲移民的合作上最重要的以及进展最多的措施是2003年2月3日在埃塞俄比亚的亚的斯亚贝巴举行的非盟国家与政府领导人特别峰会，会上仔细考虑了对宪法法令的修改提案。在峰会之前举行的行政理事会上，塞内加尔提出了关于正式将移民纳入非洲联盟政策框架的修正案。提议的修正案得到了完善并被峰会采纳为新的第三条（q），提出将"邀请和鼓励非洲移民在作为非洲大陆的重要组成部分，完全参与得到非洲联盟的简历中来"。这一修正案成为了将移民包括的到非盟政策制定与政策支持进程中的里程碑。为进一步显示这一决心，非盟在经济社会与文化理事会（ECOSOCC）中也为移民分配了代表席位，在所有150个公民社会组织分配到的代表席位中，有20个必须来自移民。最终为了准备2008年在南非召开的非盟-非洲移民峰会，在全球范围内举行了一系列的区域咨询会议。此次峰会以"实现非洲与非侨的统一和联合：以可持续发展应对共同挑战的共享愿景"为主题，是要从根本上寻求产生一个实际的行动计划来机制化非洲及其移民的合作。

在国家的层面上也已经开始进行类似的努力，负责移民事务的政府部门已经建立，例如在加纳和尼日利亚那样。在加纳的例子中，国家凭借建立移民事务部来协调机制化与加纳裔移民联系的努力，通过了允许双重国籍以及为移民投票铺平道路的法律。同样地，在一个前瞻性的接触历史上的或者第一代移民的努力中，加纳政府建立了名为约瑟夫的项目——引用了圣经里约瑟夫的故事，来鼓励历史上的移民回归故土。为了达到这一目标，该项目计划将在第一代移民的后代第一次访问加纳后，给予他们永久的移民签证，这样他们之后访问加纳就无需签证了。加纳同样也是第一个支持在加纳建立非洲移民论坛的国家，这也是非洲联盟为处理移民问题建立的第一个外交使命。

从2001年起，加纳政府、私人部分和公民社会也组织了一年一度的"归国峰会”来与加纳移民的成员互动。在效果上来讲，尽管在过去没有机制化的关系，在过去的一些年已经有了一些建立这些框架的活动。然而，想要评估这是否会导致非洲与其移民的关系的更好的构造，还为时过早。

7. 比较视角下的中国与非洲移民

作为社会科学特别是发展研究领域的方法论突进，跨国的比较很大程度上由思想的现代化学派所启发，已经成为了将国家或地区作为一个比对模型，历来与其他在历史、传统、价值观和组织上有深刻差异的国家与地区进行比较的一种传统。

受到现代化范式的影响，很多关于发展的文献中都没有对概念化和度量的问题以及之后的因果理论和结论进行严肃的讨论。例如，在发展研究中，很流行将东亚的经济成功与非洲的欠发达进行比较，而且结论经常是这样的：大部分亚洲“四小龙”国家和地区在20世纪60年代都与肯尼亚和加纳这样的非洲国家处在同一水平，而导致东亚已经发展为取得作为准核心发达国家的地位，而非洲国家现在却属于穷国中最不发达的一部分是由于东亚在一些关键领域有更好的表现，例如国家的作用、文化价值观、政府政策、民主政治以及治理问题等，但是，东亚国际政治经济的动力却被忽略了。

如果不把资本主义世界体系的范畴特别是美国在这一区域的历史、正式与经济影响力考虑在内，讨论得法的经济成功与历史发展路径是没有意义的。战后的美国作为世界体系中政治、经济与军事的主导国，在塑造战后的世界发展中占据了重要的部分。“丢失中国”的深刻情绪引发的对共产主义的恐惧，是的美国参与了在朝鲜半岛和东南亚的两场也许完全可以避免的战争。“丢失中国”也部分导致了在美国家长式的开放市场、军事和财政以及国家安全的支援下，东亚政治经济发展状态的形成。在比较东亚和非洲时，这些因素在得出任何结论前都不能被忽视。

另一个对东亚、中国与非洲的二分法比较是在由资本主义方式促进的规范与价值观的范围内进行讨论。今日，东亚和中国的经济成功已经被描绘为发展中世界的模范，中国的儒家传统在文化主义的解释中被认为在强调知识、教育、勤奋、自我牺牲与推迟享乐方面，对保持社会稳定和在政府和企业层面都接受等级制的管理上做出了贡献。但是，不应该忘记的是中国在19世纪中叶的相对衰落也被文化主义学派归因为其文化的停滞。文化主义学派的观点情有可原，是因为这些关于中国的认知尽管不成熟，但也是比较非西方文化的固定性和革命的欧洲之后的产物，这种观点的背后希望建立一种其他文化可以追随的欧洲模式。将中国置于韦伯式的解释框架中，中国向资本主义阶段转型的失败是因为中国的儒家文化价值观在创造性、竞争性和创业精神方面，无法容纳资本主义的发展。

总之，在中国与非洲移民的比较研究的价值以外，意识到运用这种比较的局限性和危险是必要的，也是避免误读和错误概念化的基础。同样需要强调的从一开始这种比较的目的就不是要将中国的经验批发式的转给非洲，反之亦然。这种比较的目的不如说是要理解那些决定了移民与故乡联系与贡献的性质、力量的因素的一部分。在记住这一警告的同时，迄今为止的讨论表明了中国和非洲移民都与故乡保持了活跃的联系，在故乡的发展与整合中发挥了多样的作用。实际上，中国和非洲移民两者在寻求区域统一上都发挥了各种作用，并产生了不同的效果。但是这些作用，以及它们的有效性，被若干将在下面讨论的因素严重的遮蔽了。这些因素与历史的作用、移民当代的结构性位置以及国家应对的性质有关。具体说来，分析表明移民的作用是其历史进化、在侨居国的结构性位置和成分与祖国机制化的应对的函数结果，对此讨论如下：

7.1 历史与民族关系重大

对本章以历史为基准的分析表明了对在比较研究背后的史实性的理解。本章想要指出的事实是对移民及其对祖国贡献的讨论不能够像过去经常做的那样，将讨论从多样的移民的历史塑造中分离出来。这些讨论经常是规范性的，而且采取了一种指定的姿态即移民被号召要支持祖国的发展。然而如Brinkerhoff指出，除了这些日益增多的呼吁，并没有与之相当的证据能够支持移民的存在和其对祖国的发展存在一对一的相关性。

例如在关于非洲的讨论中，非洲移民被劝说要支援非洲大陆的复兴，这类似于与中国移民对中国的经济崛起的贡献。我们的分析表明这样的讨论是有问题的，因为它们没有将这种作用置于每一类移民具体的历史演化与塑造的环境中去。比方说，中国人在过去分散的历史与他们与单一祖国的联系使得海外中国人与祖国的关系是明确的。另一方面，非洲历史上的移民被去领土化了，没有与具体非洲国家影响的联系也影响了将自己与一个祖国联系的能力，而这种联系或多或少只存在于想象中。类似的，通过第二只船离开非洲的移民所处的历史环境——不管他们是不是在经济或者政治“迫害”中离开的，都将决定他们与故土联系的主导性。

在分析中，这造成了一个问题，即将不同的群体统一当作移民，这样均质化的讨论是否是有针对性的。Opoku-Mensah和Banjoko指出，在这一框架下，非洲移民被怀疑是否达到中国与犹太移民分别对中国和以色列的贡献的标准。对移民形成的过程进行历史化也许能警告这样约定俗成的讨论，因为非洲移民的作用必须是其历史的一个函数。这一论证支持Robin Cohen的分析模式即区别多样的移民群体的，例如像“受害者移民”（非洲人与亚美尼亚人），“劳工移民”（印度人），“帝国移民”（大不列颠人），“贸易移民”（中国人和黎巴嫩人）或者“文化移民”（加勒比人）。尽管这种模式与其他模式一样也被批评，因为这些移民彼此之间不是互斥的，然而它增添了将历史起源作为理解移民与故土联系的性质的第一步的可信度。在这个角度上看，文化关系在非洲历史性的第一代移民与非洲大陆联系中的支配地位，可以被理解为与大陆的文化错位。类似地，经济关系在海外中国人与祖国关系的支配地位在其历史演化中作为劳工或者贸易移民这一角度上也能讲得通。这不是要全面概括或者界定，只是想强调历史在理解移民与其故土间联系上关系重大。

在某种意义上，在理解中国与非洲移民作用以及他们与故土联系差别的中心是“有”或者“没有”民族认同。移民的概念意味着那些居住在他们“母国”以外地方的人以及他们反映的认同是无法与其原来的根源分开的。认同被理解为基于正面的身份识别，并与一些不同层面的自我形成相随，例如民族、语言、家庭、种族、性别、阶级等等。感伤的情绪例如“乡愁”、“忧郁”连接了移民的文化认同，而文化认同对主观性的建构、自我形象的生成和社会边界的描绘又是极为重要的。因此，民族认同经常等同于文化认同，而一个民族国家则是清晰表达一个连贯、独立的文化认同的先决条件。历史、民族国家与文化认同之间的关系是动态的，因为迅速的、戏剧性的转变可以生成认同的错位和认同破碎的问题。

在过去的一个世纪里，中国经历了比起任何其他国家都更多转变，而中国人向海外迁移的历史与这些转变是密切联系的。中国国家与社会从一个帝国君主政体转变为一个短命的共和国，然后从一个虚弱的和分裂的军阀独裁主义转变为了一个中央集权的革命社会主义国家；在经济上它从国家主导的基于计划经济的工业化和社会主义的平均主义变为了一个全面的基于市场机制的结构改革，而它的经济经历了再三的转换，从危机和失败转入了非常迅速的增长和现代化，政治上中国社会与人民经历了帝国主义和军阀主义，同样的也有专政和阶级斗争；意识形态上中国的价值体系经历了从封建主义向社会主义，以及从集体主义到个人主义的转变。在最近的几十年里，经济增长已经拆毁了中国文化历史的大部分形体象征，但是中国人仍然是一个带有强烈和流行民族主义的高度历史性的民族。中国民族主义意味着一段有凝聚力的历史，一个团结的民族以及一种在统一的国家中国之下共享的文化传统。对中国移民来说，不管他们离开中国所处的历史时期，祖国认同对他们自身的认同而言经常都是显著的。祖国的政治命运和国际地位对他们有着深刻的含义。中国近几十年的崛起毫无疑问对中国移民社区的地位与作用产生了积极影响。反过来，早期非洲移民世代的记忆知识与奴隶制联系在一起的，同时非洲移民的历史是没有任何民族化身的种族冲突的历史，也没有任何文化、语言以及社会参照来形成移民的认同。非洲移民的认同不是历史内含的，需要被创造并且通过一个持续的进程来协商移民自身的定义，以及他们的认同和归属感。

7.2 结构性位置关系重大

本分析显示如果历史对理解演化、组成以及移民对故土的态度是重要的，他们目前在所在国的结构性位置则是他们用以作为祖国发展资源的力量和能力的象征。这个逻辑是非常直接的。控制了像印度尼西亚这样国家60%私营经济的中国移民比起成员仍大多处于所在国经济阶梯底层的非洲移民，更可能在祖国的经济发展中起到有意义的作用。中国移民在其所处的每一个地方都是强大的经济力量，而非洲移民仍然在其所处的几乎所有地方都仍然只是一个脆弱的行为体。即使是在非洲移民最富裕的美国，作为群体它仍处在下层阶级。这对他们在非洲发展中能起到的经济作用是有影响的。更确切地说，这并不意味着他们完全没有发挥作用，证据显示他们发挥了多重的和持久的作用。需要强调的是基于他们现有的机构性位置，无论是了历史上的非洲移民还是现在的，尽管积极地参与到非洲事务，然而却不能寄望他们成为投资资本的主要来源。另一方面，他们的确有可能发挥包括知识转移和政治动员在内其他作用。作为一个拥有资本和技术的经济阶级，海外中国人的贸易资本主义在社会互动的形式上运作，这种互动是通过亲属关系网络和族群关系（伴随民族参照与文化根源的社会资本和与祖国的联系）建立的，同时使其从当地的政治经济中独立了。通过紧密的文化网络做生意使得中国移民取得了比较优势，而其经济积累和文化信任是很好结合的，这就降低了交易成本。华人族群不仅在大陆而且绝大部分东南亚国家都是资本与创业精神的主要来源。这种中国移民推动的、基于区域的人际网资本主义的外溢效应可以部分地被数以百计的华裔家族生意的成功，以及在许多国家连接和连锁经营的中等规模的生意的关系网络所证明。海外的中国企业家、企业管理人员、贸易商和金融家是将当地经济与区域经济相联系的主要的推动者。

类似经济阶级缺乏发展，阻碍了对非洲经济的一种有组织和结构化的介入。尽管在欧洲和北美，非洲移民投资论坛已经逐渐建立，但是这些措施仍是脆弱的，而且至今为止也缺乏移民对非洲经济到底有多少贡献的记录文献。

7.3 国家的回应关系重大

在历史和结构性未知之外，故国的回应是移民做出有意义贡献的最后一个指标。最终，移民可以能够在家乡发挥开发性作用的效力，从根本上说是与祖国政府的回应联系在一起的。中国政府对其移民广泛的与多样的机制性回应，与不发达的、无组织的非洲与其移民的关系机制形成了鲜明的反差。实际上，中国国家对其移民积极的、能动的态度与懒洋洋的、在一些时候几乎不存在非洲与其移民的关系机制中形成了反差。这又反过来决定了中国移民，或者被叫做海外华人多年以来的参与中国经济发展的效力。推论可知国家已经成为了移民跨国活动得以有效的靠山。这使得国家进入了对移民的跨国讨论，再一次地进入！

自从20世纪70年代末，中国对海外移民的新政策已经就位，目标是在积极支持国外的海外华人的同时，为吸引海外华人参与中国的现代化战略创造机制。该战略清晰地置入了华人组织，这在相关的党、立法和行政机关，包括公民社会组织的工作和实践中得到了反映（见表4.1）。新的发展战略将海外华人事务提高了如此之高的水平，他们被视为事关中国国家利益，而正如芭拉芭坦斯维亚（Barabantseva）所观察到的，这体现了“中华人民共和国当局做出了相当努力来引得海外华人的忠诚，将华人组织成为在中华人民共和国主权之外的，具有强烈和忠诚的民族意识且在政治上同情北京的前线。”中国政府似乎将中国移民理解为团结的因素与不可或缺的追求国家利益和运用北京在跨国领域理性和意识形态存在的媒介。回顾中国移民政策的演变，可以指出海外中国移民目前不仅仅被中国国家和政府界定为中国爱国民族主义的组成部分，还被日益按照中国最近实现国家现代化的计划加以吸收。作为结果，中国移民实际变为了“国家资产”的一部分，享受国家在经济、法律和政治双方面的积极支持。在非洲大陆和国家的层次，非洲国家正逐渐醒悟到要利用移民的资源，因此鼓励措施和制度化机制正在就位，而非洲大陆层面，认识到移民作为第六区域的，以及建立移民事务理事会，为移民—非洲关系提供了激励的与机制化的平台。实际上这代表了到目前为止非洲国家对其移民最为显著的集体回应。在国家的层面上，正如之前提到的那样，许多非洲国家也已经在制定政策，为利用移民的潜力提供激励、创造环境，其形式包括允许双重国籍的法律以及在像加纳这样的国家，给予移民投票权。其中一条法律是加纳开始给其移民发放移民签证，这是加纳首先采取的被称为“约瑟夫计划”的一部分，以为了非洲的名义，将在奴隶贸易时期被带离这片大陆的非洲人的后代带回来，而他们与具体的非洲国家已经没有关联了。这引发了移民对加纳的访问的潮流，以及在阿克拉的移民非洲论坛的建立，这也是非洲联盟建立的第一个官方任务用以将其与移民关系正式化的第一个任务。这些发展一起体现了国家日益增长的主动性及其对移民战略重要性的认识。很难判断这些发展能在多大程度上作为长期机制化联系的一部分得以维系，然而确定的是中国和非洲国家同样的对移民越来越重视，在实际上已经成为移民在一个以跨国交流与联系为特征的时代日益增长的重要性的体现。

8. 结　论

在一个全球化和跨国联系的时代，对国家崛起的讨论不可能忽略移民的作用。这适用于中国的崛起，同样也适用于复兴的非洲的前景。对移民作用的讨论仍然处在均质化叙述，这阻碍了对以多样性为特征的全球移民经历的理解，也阻碍了对不同移民群体能力的理解。本章的对中国和非洲移民的对比分析表明了在分析中纳入这一多样性的需要。实际上，分析体现了国家的回应，或者缺乏回应，最终决定了移民及其对国家崛起贡献的效力。

本章总体上指出了移民的中国崛起的关键作用，以及非洲移民对非洲复兴的有限贡献。从比较分析的目的上说，最重要的因素将被归于中国移民的历史和组织都与祖国相连的社会历史基础，即使在家庭定居在国外几个世纪之后，他们与故土的文化联系也从来没有被打断过。中国在几十年内的崛起和中国移民的经济与政治作用是互相支持的加强力量，就像一个硬币连两面一样。

强烈的历史和民族认同以及儒教的家庭文化，为中国移民在国外土地的艰苦条件下合作、团结提供了基础。这逐渐产生了独特的中国移民资本主义，它是社会机制的一种活跃的形式，其特征是围绕家庭和社会网络的企业家精神和财富创造心态。在长期的历史演化中，依赖人际网络的中国移民资本主义得以变为一个独立的、政治的和经济的力量，它并不必须依赖于外部政治的变迁。在过去的三十年中，跨国的中国移民资本与商业网络得到了来自故土的激励政策，已经成为中国经济崛起中以及联系中国与世界和区域其他地区的不可或缺的力量。这保证了中国移民的影响在整个区域被联结了起来。实际上近些年东亚区域经济一体化实际上是由将区域与中国大陆经济增长和市场扩张联结起来的海外中国商业网络驱动的。

类似地（历史上的）非洲移民也辅助了非洲一体化计划。部分地是因为他们与祖国的分离，以及重新与想象中的祖国相联结的愿望，非洲移民为非洲联合提供了激励的基础以及设想。非洲团结以及一体化这一概念实际上而且已经被接受为，曾经是现在也是一个移民的构想。

然而不同于中国移民，非洲移民缺乏与一个实质性祖国的有机联系，与在所在国结构性位置阻碍了任何在非洲大陆经济化一体化上的实质性作用。最近非盟尝试联系移民的尝试，以及第二代移民的成长——不同于历史上的移民，他们与非洲大陆存在有组织的联系，他们潜在地为移民对更协调地参与非洲复兴事业提供了新的动力与机会。在最后的分析中，中国的经验体现了移民对任何国家建设事业的实质贡献是在根本上依赖于移民的结构性位置以及同乡的、故土政府的回应的。

参考文献

1. Alpers, Edward (2001) “Defining the African Diaspora”, paper presented to the Center for Comparative Social Analysis Workshop. Los Angeles: University of California, October 25.

2. Asante, Molefi (2004) “Africa and its Diaspora: Forging Ideas of an African Renaissance”, paper presented at the Conference of Intellectuals from Africa and the Diaspora. Dakar, Oct. 6-9.

3. Barabantseva, Elena (2005) “Trans-nationalising Chineseness: Overseas Chinese Policies of the PRC’s Central Government”, *ASIEN – The German Journal on Contemporary Asia*, 96: 7-28.

4. Bolt, Paul J. (1996) “Looking to the Diaspora: The Overseas Chinese and China’s Economic Development, 1978-1994”, *Diaspora: A Journal of Transnational Studies*, 5(3): 467-496.

5. Bolt, Paul J. (1997) “Chinese Diaspora Entrepreneurship, Development, and the World Capitalist System”, *Diaspora: A Journal of Transnational Studies*, 6(2):215-235.

6. Borthwick, Mark (ed.) (1992) *Pacific Century*: *The Emergence of Modern Pacific Asia.* Boulder, Colo: Westview Press.

7. Bridgwater, Pamela (2003) “The African Diaspora and Its Influence on African Development”, remarks at Kentucky State University, Frankfort, Kentucky,March 28.

8. Chinese State Council, *Overseas Chinese Affairs Office of the State Council*,available at the website of the Central People's Government of People's Republic of China http://www.gov.cn/english/2005-10/03/content_74290.htm.

9. Damon, Allen F. (1991) "Financing Revolution: Sun Yat-sen and the Overthrow of the Ching Dynasty". *The Hawaiian Journal of History*, 25: 161-186.

10. Deyo, Frederic C. (ed.) (1988) *The Political Economy of the New Asian Industrialism.* Ithaca, A.Y: Cornell University Press.

11. Drake, St Clair (1993) "Diaspora Studies and Pan-Africanism", in Harris, J (ed.)(1993) *The Global Dimensions of the African Diaspora*, second edition. Washington DC: Howard University Press, pp 451-514.

12. Elnur, Ibrahim (2002) "The Second Boat: African New Diaspora: Looking at the Other Side Of The Global Divide With Emphasis On Sudan", *African Issues*,30(1): 37-41.

13. Evans, Peter (1995) *Embedded Autonomy: States and Industrial Transformation.*Princeton: Princeton University Press.

14. Goodman, David S.G (1997-98) "Are Asia's 'Ethnic Chinese' a Regional-Security Threat?" *Survival*, 39(4): 140-55.

15. Harris, John (ed.) (1993) *The Global Dimensions of the African Diaspora.* Second edition. Washington DC: Howard University Press.

16. Hersh, Jacques (1993) *The USA and the Rise of East Asia Since 1945: Dilemmas of the Postwar International Political Economy.* New York: St. Martin's Press.

17. Jones, Leroy P. (1980) *Government, Business, and Entrepreneurship In Economic Development: The Korean Case.* Cambridge: Harvard University Press.

18. Koo, Carolyn (1995) "Tales of the Chinese Diaspora", *Institutional Investor*,29(12): 220.

19. Kwong, Peter (1996) "The Chinese Diaspora", *World Business*, 2(3): 26-31.

20. Lever-Tracy, Constance, et al. (1996a) *The Chinese Diaspora and Mainland China: An Emerging Economic Synergy*, London: Palgrave Macmillan.

21. Lever-Tracy, Constance et al. (1996b) "Diaspora Capitalism and the

Homeland: Australian Chinese Networks into China", *Diaspora: A Journal of Transnational Studies*, 5(2): 239-273.

22. Li, Xing (2007) "Conceptualizing East Asian Regionalism: From Japan-led 'flying-geese' to China-driven Integration", *CCIS Working Paper No. 3*,CCIS – Centre for Comparative Integration Studies, Department of History,International and Social Studies, Aalborg University, Denmark.

23. Li, Xing and Zhang Shengjun (2008) "China and Regional Integration in EastAsia: Opportunities, Constraints and Challenges",*CCIS Working PaperNo.9* (Centre for Comparative Integration Studies, Department of History,International and Social Studies, Aalborg University, Denmark).

24. Mbeki, Thabo (2003) "African Diaspora in the 21st Century", speech delivered atthe University of West Indies, Kingston Jamaica, June 30. Availabe at http://www.nathanielturner.com/africandiaspora21stcentury.htm.

25. Nyíri, Pál (2001) "Expatriating is Patriotic? The Discourse on 'New Migrants' In the People's Republic of China and Identity Construction Among Recent Migrants from the PRC", *Journal of Ethnic and Migration Studies*, 27(4): 635-653.

26. Nyíri, Pál (2002) "From Class Enemies to Patriots: Overseas Chinese and Emigration Policy and Discourse in The People's Republic of China", in PálNyíri and Saveliev (eds) *Globalizing Chinese Migration: Trends in Europeand Asia*. Aldershot: Ashgate, pp 208-241.

27. Opoku-Mensah, Paul and Banjoko, Titi (2009) "Diaspora Philanthropy and the Pan African Agenda: The African Diaspora and NEPAD ", In: *The State of Philanthropy in Africa*, Trust Africa.

28. Opoku-Mensah, Paul (2006) "Civil Society and African Integration: The challenge of Incorporating the African Diaspora", in *Transformation: Critical Perspectives in Southern Africa*, 61: 25-39.

29. Opoku-Mensah, Paul (2007) "The African Diaspora, Civil Society and African Integration", *CCIS Research Series*, No. 6. CCIS – Center for Comparative Integration Studies & Department of History, International and Social

Studies,Aalborg University(http://vbn.aau.dk/fbspretrieve/13003220/CCIS_wp_no._6)

30. Prah, K (2007) "Nationalism, Revolution and Economic Transformation", in PrahK. (ed.) *Afro-Chinese Relations: Past, Present & Future,* Book Series 45, The Centre for Advanced Studies of African Society (CASAS).

31. Prah, Kwesi (2006) *The African Nation: The State of the Nation*, CASAS Book Series No. 44, The Center for Advanced Study of African Society (CASAS),Cape Town.

32. Prah, Kwesi (2000) "African Unity, Pan-Africanism and the Dilemmas of Regional Integration". Paper presented to the Southern Africa Regional Institute for Policy Studies (SARIPS) Annual Colloquium. Harare: September 24-28.

33. Smart, Alan and Hsu, Jinn-Yuh (2004) "The Chinese Diaspora, Foreign Investment and Economic Development in China", *The Review of International Affairs*,3(4): 544-566.

34. Tu, Wei-Ming (1989) "The Rise of Industrial East Asia: The Role of Confucian Values", *Copenhagen Papers*, 4.89: 81-97.

35. Veney, Cassandra R (2002) "The Ties That Bind: The Historic African Diaspora and Africa", *African Issues*, 30(1): 3-8.

36. Wade, Robert (1990) *Governing the Market: Economic Theory and The Role Government In East Asian Industrialization*. Princeton: Princeton University Press.

37. Wei, Chi Poon, et al. (2002) (co-chair of the project) *CHINESE OVERSEAS:Challenges & Contributions*, an Exhibit in Bernice Layne Brown Gallery, DoeLibrary University of California, Berkeley.

38. World Bank (1993) *The East Asian Miracle: Economic Growth and Public Policy*.New York: Oxford University Press.

39. World Bank (2007) *Concept Note: Mobilizing the African Diaspora for Development,* Capacity Development Management Action Plan Unit (AFTCD),Operational Quality and Knowledge Services Department (AFTQK).

40. World Business (2007) "The world's successful Diasporas", available at:

http://www.worldbusinesslive.com/research/article/648273/the-worlds-successful-Diasporas/.

41. Yin, Rosanna Yin Lau (2001) *Coolies* (illustrated by Chris Soentpiet). New York:Philomel.

42. Zeleza, Paul (2002) "Contemporary African Migrations in a Global Context:towards building the black Atlantic", essay for the 10th CODESRIA General Assembly. Kampala, December 8-12.

43. Zeleza, Paul (2005) "Rewriting the African Diaspora: Beyond The Black Atlantic",*African Affairs*, 104(414): 35-68.

第5章 能源峰值与经济增长限制：中国与世界

1. 导 言

越来越多的证据显示世界的石油产量已到峰值或接近峰值。此外，研究表明，世界天然气和煤产量将在2030年达到峰值。化石燃料占据世界商业能源产量的95%（排除传统生物质能消费），在一定程度上，核能与可再生能源无法及时充分的填补化石燃料的减少，因此，化石燃料产量的峰值将转化为世界能源产量的峰值，并暗示着可能给世界经济带来潜在的毁灭性打击。

测算同等购买力，中国目前占世界GDP的10%，大约是美国经济的一半。以目前的趋势，中国可能会于2020年前超越美国成为世界第一大经济体。中国经济增长高度依赖能源资源，而且在近年成为了最大的全球能源需求国和温室气体排放国，并饱受争议。中国目前消费全球初级能源的17%，照此发展趋势，中国将在一两年内超越美国成为世界上最大的能源消费国。中国已替代美国成为了世界最大二氧化碳排放国，占全球排放量的五分之一。即将来临的全球能源危机将对中国未来数十年的经济与社会发展产生严峻的影响。

本章试图通过建立起一个技术构架来评估能源产量到达峰值对经济增长的潜在影响。我们用到的基本技术是赫伯特线性化（Hubbert Linearization），美国地质学家马里恩·金·赫伯特用此预测美国的石油产量峰值。本章不仅应用赫伯特线性化分析潜在的非可再生能源资源，同时还分析了潜在的可再生能源资源和能源效率。这一构架可发展更新，用新的数据评估能源供给和能源观察机构称国际石油产量峰值即将到来。爱尔兰油气峰值联合研究预计世界石油产量峰值将于2008年到来。

加州理工学院工程和应用科学部教授戴夫·拉特里奇研究国际石油和天然气生产历史并推断，世界上三分之一的可采石油天然气资源已被开采，这意味着全球油气产量峰值将于2015年到来。

2007年，中国石油产量为1.87亿吨，平均日产370万桶。中国目前是世界第二大石油消费国。2007年中国石油日消费量达790万桶。因此，中国石油消费需求一半以上要依靠进口。

中国研究人员达成共识，认为中国国内石油产值可能在2015年达到峰值，而峰值时年产量可能不会超过2亿吨。

石油也许会被来自煤和天然气的液体燃料替代，但无论是煤还是天然气都不是可再生资源，同时资源转化要损耗大量能源。

液体燃料还可以从生物质能中提取，但生物燃料的能源回报很低，同时土地和水源的可用性将限制生物燃料发展扩大。如果全球40%的耕地用于生物质能，则从中可获得净液态燃料（除去生产消耗）也只能代替全球石油消耗量的20%。

至于个人运输，目前以汽油为动力的汽车可以由电动汽车、电动公共交通等替代。但一些重大的基础设施改造需要促进人员运输电气化。电能很难运用在重型卡车、船只、飞机以及工业和农业中的重型设备上。电能无法替代化学输入。

全球三分之二的石油需求（用于工业、农业、陆海空运输）为“核心需求”，并非电能可轻松替代的。2008年石油峰值研究会称，到2030年，世界石油产量相对于峰值可能将下降三分之一。因此，在2030年后，世界经济将由于石油这一核心需求而遭遇增长瓶颈。

2.2 天然气

2007年全球天然气产量为29000亿立方米，相当于27亿吨石油。全球36%的天然气用于发电，24%用于工业生产（6%用于化工），25%用于农业、商业和住宅，2.9%用于运输，而13%因转化和分配被损耗，国际能源机构2008报告，天然气占全球最终能源消费的15%。

燃气涡轮机可快速启停。天然气对电能需求峰值的到来起决定性作用（当电能需求高于平均发电量时）同时可填补目前运行的能源设备因意外或维修引起的短缺和非持续性的供给。风能和太阳能都是电能供给的非持续性来源。未来，风能和太阳能会成为电能供给的重要来源，而作为主要的后备支撑能源，天然气的需求将增长。

拉贺内（Laherrere Jean）2004年预测世界天然气产量将于2030年到达峰值，而坎贝尔预计传统天然气产量将于2025年达峰值，保持高产值到2035年，之后快速下降。

中国目前天然气年产量为700亿立方米，合6300万吨石油。中国研究人员预计最终天然气可能达10万亿—13万亿立方米，合90亿—120亿吨石油。

2.3 煤

2007年，全球煤产量为64亿吨，合31亿吨石油。全球65%煤产用于发电，19%用于工业生产（1%用于化工），3.7%用于农业、商业和住宅，1.3%用于运输，12%因转化和分配被损耗。根据国际能源机构2008年的报告，煤炭占全球最终能源消费的9%。

在大多数国家，煤炭是电能的主要来源（稳定的电流需要输电网正常的运行）。中国80%的发电量来源于煤炭，在钢铁业中煤炭也起着关键作用。

从2000年起，全球煤炭产量平均年增长5%，为全球能源供给净增长做出了其他能源无法比拟的贡献。全球官方煤炭储备现为8500亿吨。但拉特里奇预估全球剩余可采煤炭可能有4400亿吨。以这一产值计算，全球剩余煤炭仍可使用70年。能源观察组2007年预估全球煤炭产值将于2025年达峰值。从2000年起，中国煤炭产量年增长10%，目前产煤量为28亿吨，相当于世界总产量40%。国土资源部数据显示中国剩余可采煤矿量为2000亿吨，以中国官方煤矿储备计算，有学者在2007年预估中国煤炭产量将在2025年到2032年达到峰值。

2.4 核能

核能发电所用到的铀是不可再生的资源。根据能源观察组2006年的报告，以目前的消耗速率，世界已探铀资源将在30年内耗尽，而所有可能存在的铀资源将在70年内被耗尽。如果核能将被作为发电的核心资源，则产值将增长六倍，而铀资源将只够维持十年。而核反应堆的建设也会延缓核能的扩张。

一些国家（美国、英国、法国、日本和俄罗斯）尝试使用核增殖反应堆，以延长铀的潜在使用时间50至100倍，但增殖反应堆存在非常严重的安全问题，建设和维护都需高额资金，并且易受影响导致长时间无法运行。法国超级凤凰反应堆是世界最大的增殖反应堆，在十年间只运行了不到一年的时间。

人们已经以氢弹的形式成功在户外进行了核聚变反应，但如果想将其用于经济目的，则核聚变反应需要受到控制。进行聚变反应需达到2亿摄氏度的高温，目前人们没有找到可容纳如此高温的材料。科学家试图通过其他方法控制反应，但无论什么方法都需要有比反应本身产生的能量更强的能量，并至少能瞬间维持住这一反应才可以。

如果成功了，核聚变就具备了在现实中为我们无限提供能源的潜在理论基础。但从在经济上来说，它的代价太昂贵了。2006年，欧盟、美国、中国、印度、日本、韩国和俄罗斯共同签署了启动核聚变实验反应堆（大约为正常发电厂大小的六分之一）的协议，费用为100亿欧元，相当于同等的燃煤发电厂的50倍。研究人员们期望在2045年时人们能过通过核聚变反应来发电。

2.5 可再生能源

水力发电是目前最重要的可再生能源，占到可再生性能源发电量的87%。

在可再生能源中，水电、潮汐、波浪、地热在潜能上都有局限性，并且很难成为全球性的主要能源提供源（trainer，2007:107-111）。风能、太阳能和生物质能从潜能角度上来说，对未来的能量供给将做出很大的贡献。风能和太阳能主要用于发电，而生物质能是唯一可制造液态燃料的可再生能源。

2007年西方学者格林、巴什奇和迪尔马哈尼，对可再生能源的长期潜能做了评估。IPCC（政府间气候变化专门委员会）工作组Ⅲ在研究土地有效性时使用了同样的假设，假设全球未使用土地的1%（或390000平方千米）用于生产风电，60%的农田（890万平方千米或8.9亿公顷）用于生产生物质能，长期潜能预计为326—481EJ（额外焦耳extra joule，或1018焦耳，1EJ=2388万吨等量石油）。

在前文中，莱特福特和格林（2002）指出假设的可用土地量过高了。大多数的土地都处在非常偏僻的地区，土地也许不适用或无法保证能持续使用。在沙漠中，沙尘暴和大量的尘土是尤其严重的问题。

风能和太阳能是间断性的资源，考虑到现有的输电网，风能和太阳能发电能达到已安装发电量的20%或实际发电量的10%，而不成问题。超过这一限度，想进一步增加太阳能和风电就需要大型的电能储存了（莱特福特和格林，2002）。使用最新的技术发展“智能电网”也许能够缓和这一问题，但无法消除它们。要储存如此大规模的电量要面临很多困难，同时因为转换效率低，会造成实际电量流失。

太阳能光热技术能够使太阳能像热一样被储存，并免受短期间歇性影响。但是，太阳能光热技术会有大量的季节性变化，尤其冬天的性能很差。另外，除了间歇性问题和季节变化问题，制造太阳能和风能的设备需要消耗大量的不可再生的矿产资源。

风能和太阳能发电比传统的发电方式昂贵。将来，当风能和太阳能成为发电的主要来源时，若没有政府补贴，风能和太阳能发电厂要赚取正常的资本回报率是必要的（见表5.1）。纠正产能利用率并运用资本正常的资本回报率，风电比煤电贵两倍，而太阳能要贵三到四倍。当风能和太阳能在发电方面受到越来越多的关注时，昂贵的成本将成为限制其发展的原因。

生物质能产量高度依赖水资源，会受淡水可用性的限制。他还需要大量

表5.1　发电企业每千兆瓦发电成本对比表（单位：百万美元）

	煤电	风电	海岸风电	家用太阳能发电	太阳能电厂
资本成本	2058	1923	3851	3370	5021
年维修费用	206	192	385	337	502
年燃料成本	282	0	0	0	0
每年利税	206	192	385	0	502
单位能耗	0.75	0.25	0.35	0.15	0.25
每年发电量	6570	2190	3066	1314	2190
市场价格	0.106	0.175	0.251	0.256	0.458

数据来源：2009年国际能源组织报告和作者的统计

的能源输入，但其净能源产出要比总产出少得多。考虑到资源、储存、电网限制，长期可再生能源潜能会下降到150—175EJ。

3. 方法论和数据

这一章节解释说明了本章中用到的基本方法论和用于预测21世纪世界能源供给的数据来源。

3.1 赫伯特线性化

“赫伯特线性化”这一技术通常用于预测不可再生能源最终可采量。1956年，美国地质学家马里恩·金·赫伯特任职于壳牌石油公司，预测美国石油产量大约将于1970年达峰值，而这一预测与后来美国石油产量轨线相符。

赫伯特线性化的基本假设是非可再生能源的年产量轨线可通过一个逻辑斯谛方程（logistic equation）来描述。年产量在最初可能是加速增长。在超过某些拐点后，增长会慢下来，当最终可采资源被消耗过半后，年产量将达到峰值。达峰值后，年产量会加速下降。但资源快要完全耗尽时，下降速度会减缓。

随着产量水平接近峰值，资源累计产量的增长率（当年年产量与历年的累计产量的比率）和累计产量之间的线性关系可能会形成。线性函数的水平截距可表明最终可采量。可由下面方程式描述：

（1）$Qt' / Qt = a - a(Qt / Qu)$

Qt表示“t”年的累计产量，Qt’表示“t”年中当年的产量，或累计产量的增长，“a”是内在的增长率，它决定Qt的增长速度或最终可采量的消耗速度，Qu代表资源的最终可采量。通过线性回归估算方程（1），可确定“a”和“Qu”的值。

产量峰值年可由下面方程确定：

（2）$Qt= Qu/\{1+exp[-a（t-tm）]\}$

“t”是指本年，“tm”是指峰年。当最终可采资源消耗过半时，产量峰值将出现（柯贝拉，2005）。

赫伯特线性化使人们能够利用最新可用数据不断更新估计系数。当年产量接近峰值或越过峰值时，这一模型通常能提供合理可靠的结果。随着时间增加而累计越来越多的数据，能提高模型预测的精确度。

3.2 数据来源

1965年之前的世界石油、天然气和煤炭产量的历史数据来源于拉特里奇（2007b）。1965年到2007年间的世界石油、天然气、煤炭、核电及水电产量和消费的历史数据来源于英国石油BP（2008a）。可再生电能产量数据来源于国际能源机构EIA（2009c）。乙醇燃料产量数据来源于英国石油BP（2008b）。

世界GDP的历史数据来源于麦迪逊（2003）和世界银行（2008）。2008年和2009年世界GDP增长率是基于国际货币基金组织（2008）的预测。

3.3 石油

一条赫伯特线性化曲线与1983年到2007年世界石油产量数据相符，R方为0.96。即这一曲线可解释历史数据中观察到的96%的变化。这一结论表明世界最终可采石油为3100亿吨，世界石油产量会在2008年达到峰值。

一条赫伯特线性化曲线符合2000年到2007年中国石油产量数据，R方为0.95。这一结论表明中国最终可采石油为130亿吨，中国石油产量会在2016年达到峰值。

3.4 天然气

一条赫伯特线性化曲线与1997年到2007年世界天然气产量数据相符，R方为0.94。这一结论表明世界最终可采天然气为4000亿吨等量石油，世界天然气产量峰值将于2041年到来。

中国最终可采天然气假定为120亿吨等量石油。运用这一假设，一项逻辑斯蒂函数符合中国1980年到2007年的天然气产量数据。这一结果被用于预测中国天然气产量。

3.5 煤

一条赫伯特线性化曲线与1950至2007年的世界煤炭产量数据（除中国）的历史记录相符，R方为0.82。这一结论表明世界（除中国）最终可采煤炭大约为5800亿吨，世界（除中国）煤产量将于2019年达峰值。

中国最终可采煤炭被假定为2500亿吨（中国历史累计煤产量为500亿吨，剩余可采煤假定为2000亿吨）。使用这一假设，一项逻辑斯蒂函数符合中国1950年到2008年的煤产量数据。这一结果被用于预测中国煤产量。

3.6 核能

对核能从2005年到2030年间的增长，国际能源机构预测出了两种不同情景。在参考场景，核能预计年平均增长为0.7%，可供选择的政策场景，预计年平均增长为1.6%（国际能源机构IEA，2008）。

考虑到未来核能发展的不确定性，以及纠正过于乐观的态度，本章假定核能在2007年到2100年将保持1.6%的年增长率。

中国目前的核能发电量7千兆瓦。中国政府计划到2020年将核能发电量扩大到40千兆瓦（Cui ed., 2008:309）。本章假定中国长期核能潜能为200千兆瓦。

3.7 可再生能源

格林，Baski和Dilmaghani（2007）预测可再生能源的长期潜能为326—481EJ，等同于120亿吨石油。

中国水电的长期技术潜能预计为500千兆瓦或年产2240万亿千瓦时（Cui ed., 2008:34）。

到2020年，中国政府计划扩大风电产量到100千兆瓦，生物质能电产量到30千兆瓦。到2030年，中国太阳能光电发电量预计将上升至100千兆瓦（Cui ed., 2008:308-309）。

中国长期的陆上和海上风电潜能预计为1000千兆瓦（Cui ed., 2008:273）。本章假定中国长期太阳能发电潜能为1000千兆瓦，生物质能发电潜能为500

千兆瓦。

中国核能和可再生能源总发电潜能为8150万亿千瓦时，等同于8.9亿吨石油，相当于大约为10亿吨的石油产量。

4. 能源峰值和经济峰值

图表5.1显示了从1950至2100年间世界能源供给的历史数据和预计数据。全球石油产量预计将于2008年达峰值，煤产量预计将于2029年达峰值。核能的增长将受国际能源机构的“替代政策情景”影响。假设可再生能源的长期潜能为500EJ（合120亿吨石油）。根据上述数据得出结果，全球总能源供给预计于2029年达峰值。

由全球能源供给乘预计能源效率可推导出全球GDP。所有的经济活动都会消耗一定的能源，因此，从长远角度来看，物理法则决定了能源效率是有极限的。莱特福特和格林（2001）估测了全球长期能源效率的潜能并得出结论：从长期来看，全球能源效率可达到1990年水平的250%。

莱特福特和格林首先分别预测了不同能源消耗部门（发电、运输部门、住宅、工业部门和商业部门）改善能源效率的潜在可能，然后运用每个部门在全球能源消耗中所占比重计算加权平均，得出全球效率提高潜力。但是，莱特福特和格林虽然考虑了发展过程中的效率提高潜力，却没考虑到消费过程中的效率提高潜力。修正这一错误并调整增加这一部分的效率提高潜力，那么其效率提高潜力应为1990年水平的430%，而非250%。

除此之外，莱特福特和格林还预测了工业部门之间转换的可能性，这将减少能源密集型工业部门所占比重，从而使能源效能再增长100%。鉴于工业部门占世界能源使用量的30%，这将使降低世界能源强度的长期潜力达15%，或使世界能源效率增长18%。

在本章中，全球长期能源效率的潜能被假定为1990年时全球能源效率的五倍，或接近目前德国或日本（目前世界上能源效率最高国家）的三倍。

图表5.2显示了1950至2100年间过去和未来预计的全球经济增长率。基于本章的预测，在经历目前全球经济衰退后，可能不会出现有效的经济回

升。全球经济增长会因石油产量的下跌而受到限制。大约在2050年后，全球经济会出现负增长，之后持续大约二十年的经济下降。

要正确地看待这一预测，从1913年到1950年，这段时间包括了两次世界大战和大萧条时期，全球经济年平均增长为1.9%（麦迪逊，2003）。在1950年到2008年间，全球经济增长率只在三个阶段曾经小于2%，分别为1974—1975年，1980—1982年，1991—1993年，这些年份都出现了严重的世界经济危机（同样也有政治和社会的不稳定）。如此看来，如果本章的预测得到证实，则2020年后，世界经济将永久处在衰退的状态。

图表5.3显示了1950年至2100年间中国过去的和未来预计的能源供给。中国煤产量预计于2030年达峰值，石油产量于2016年达峰值，天然气产量于2046年达峰值。中国长期核能与可再生能源开发潜能预计相当于10亿吨石油。

为支撑经济的快速增长，中国能源进口预计从现在到2020年将保持增长态势。假定中国能源从2010年到2020年保持7.5%的年增长率，到2020年，中国能源进口预计将增长并接近等同于7亿吨石油的能源量，相当于目前美国的能源进口量。2020年后中国的能源进口预计将占世界剩余总化石燃料产量的8%。

中国能源总供给预计于2033年达峰值，而其长期的能源效率将接近世界平均水平。图表5.4显示了1950至2100年间中国过去和未来预计的经济增长率。中国的经济增长率预计将于2020年后出现急速下降，而在之后的几十年，经济增长率将保持下降趋势，并于2050年接近零增长。2050年后，中国经济预计进入永久性下降。

图表5.2提出2070年后将会出现相对较低的经济增长率，世界经济开始恢复增长。这反映了人们对可再生能源的潜能和能源效率相对乐观的估计，这一潜在可能性也许没有被认识到。

本章中的预测曾假设不同种的能源可相互替代，但正如之前曾说明的，电不能成为液体燃料的替代品。核能与大部分的可再生能源只能用于发电。由此，液体燃料成为全球经济的强制约束力。那样的话，全球经济也许会在21世纪的下半叶进入永久的下降态势。

预测中考虑了能源资源的消耗对全球经济增长的约束，但没有考虑其他资源及全球环境容量对增长的影响。尤其是在预计世界化石燃料产量时只考虑了资源消耗状况这一单一因素，却没有考虑气候稳定这一必要条件。若将这些条件考虑在内，全球能源供给峰值也许会提前到来，同时，峰值后出现的下降也会更快。

5. 结　论

如果下述结论能在未来的发展中得以证实，本章的探究发现将对未来全球政治与社会发展产生重要意义。

首先，随着美国霸权无法逆转的削弱，人们对中国代替美国成为资本主义世界体系的下一位领导者，引领一次成功的系统性重建产生了许多预期和期望。但本章研究发现，到21世纪中期，中国经济可能将面临永久性下降，而中国也无法领导现有世界体系的重建。

到目前为止，中国的统治精英依靠高速的经济增长来缓和或转移社会紧张与矛盾。然而在2020年后，当中国经济陷入到不断加深的危机中时，鉴于中国庞大的人口数量，中国的统治精英们将无法完成未实现的经济、社会和政治抱负。由此，经济危机将很可能引发政治和社会暴动。

最后，资本主义世界体系是建立在不断追求利益和资本积累的基础上的，而在经历了几个世纪无情的积累后，世界生态系统已经到了濒临崩溃的临界点。从生态上来看，全球资源材料的消耗已无进一步扩大的可能。全球能源危机和其他方面的环境危机呈现了大自然传递给人们的一个强烈信号：现有社会体系已达到其历史的极限，想要让人类及其文明在将来得以幸存，必须尽快建立起一个新的公平和可持续发展的社会体系。

参考文献

1. ASPO, Association for the Study of Peak Oil and Gas Ireland (2008) *Newsletter* 96,December 2008 <http://www.aspo-ireland.org/contentFiles/newsletterPDFs/newsletter96_200812.pdf>.

2. BP (2008a) *BP Statistical Review of World Energy* <http://www.bp.com/statisticalreview>.

3. BP (2008b) *Renewable Energy Section* <http://www.bp.com/sectiongenericarticle.do?categoryId=9023767&contentId=7044196>.

4. Campbell, Colin J. (2005) *Oil Crisis*. Brentwood, UK: Multi-Science Publishing Company Ltd.

5. Cui, Minxuan ed. (2008) *Zhongguo Nengyuan Fazhan Baogao* (Annual Report of China's Energy Development). Beijing: *Shehui Kexue Wenxian Chubanshe*(Social Sciences Academic Press).

6. EIA, US Energy Information Administration (2009a) *Cost and Performance Characteristics of New Central Station Electricity Generating Technologies* <http://www.eia.doe.gov/oiaf/aeo/assumption/pdf/electricity.pdf#page=3>.

7. EIA (2009b) *US Summary Data-Electricity* <http://www.eia.doe.gov/overview_hd.html>.

8. EIA (2009c) *International Data-Electricity* <http://www.eia.doe.gov/emeu/international/ >.

9. Energy Watch Group (2006). *Uranium Resources and Nuclear Energy*, December 2006 <http://www.energywatchgroup.org/fileadmin/global/pdf/EWG_Uraniumreport_12-2006.pdf>.

10. Energy Watch Group (2007a) *Crude Oil: the Supply Outlook*, October 2007 <http://www.energywatchgroup.org/fileadmin/global/pdf/EWG_Oilreport_10-2007.pdf>.

11. Energy Watch Group (2007b) *Coal: Resources and Future Production*, March 2007 <http://www.energywatchgroup.org/fileadmin/global/pdf/EWG_Oilreport_10-2007.pdf>.

12. Green, Chris, Soham Baksi, and Maryma Dilmaghani (2007) "Challenges to aClimate Stabilizing Energy Future", *Energy Policy*, 35: 616-626.

13. Heinberg, Richard (2004) *The Party's Over: Oil, War and the Fate of Industrial Societies*. Gabriola Island, BC, Canada: New Society Publishers.

14. IEA, International Energy Agency (2008) *Key World Energy Statistics 2008*

<http://www.iea.org>.

15. Korpela, Seppo A. (2005) "Prediction of World Peak Oil Production", in Andrew.

16. McKillop with Sheila Newman (eds) *The Final Energy Crisis*. London: PlutoPress.

17. Kunstler, James Howard (2005) *The Long Emergency: Surviving the Converging Catastrophes of the Twenty-First Century*. New York: Atlantic Monthly Press.

18. Laherrere, Jean (2004) "Future of Natural Gas Supply", Contribution to the Third International Workshop on Oil & Gas Depletion, Berlin, Germany, May 24-25, Lightfoot, H. Douglas and Christopher Green (2001) "Energy Efficiency Decline Implications for Stabilization of Atmospheric CO2 Content", Centre for Climate and Global Change Research, Report No. 2001-7, McGill University <http://www.mcgill.ca/ccgcr>.

19. Lightfoot, H. Douglas and Christopher Green (2002) "An Assessment of IPCC Working Group III Findings in *Climate Change 2001: Mitigation* of the Potential Contribution of Renewable Energies to Atmospheric Carbon Dioxide Stabilization", Centre for Climate and Global Change Research, Report No.2002-5, McGill University <http://www.mcgill.ca/ccgcr>.

20. Maddison, Angus (2003) *The World Economy: Historical Statistics*. Paris: Organisation for Economic Co-operation and Development.

21. Prieto, Pedro A. (2008) "Solar and Wind in Spain and the World: Closing the Growth Gap?" 7th ASPO International Annual Conference, Barcelona, October 21, 2008.

22. Rutledge, Dave (2007a) "Hubbert's Peak, the Coal Question, and Climate Change", ASPO-USA Conference, Houston, Texas, October 19, 2007. Rutledge, Dave (2007b) "Hubbert's Peak, the Coal Question, and Climate Change",Excel Workbook <http://rutledge.caltech.edu>.

23. Tao, Zaipu and Mingyu Li (2007) "What Is the Limit of Chinese Coal Supplies – a STELLA Model of Hubbert Peak", *Energy Policy*, 35(6): 3145-3154.

24. Trainer, Ted (2007) *Renewable Energy Cannot Sustain a Consumer Society*.

25. Dordrecht, The Netherlands: Springer.

26. The Oil Drum (2009) "Saudi Arabia's Crude Oil Production Peaked in 2005", posted by "ace", March 3, 2009 <http://www.theoildrum.com/node/5154>.

27. World Bank (2008) *World Development Indicators Online* <http://devdata.worldbank.org/data online.

第6章　中国的新一轮转型：内部因素和外部因素

1. 引　言

中国在20世纪经历了一个漫长的动荡时期，社会解体、地区军阀统治、大众革命、政治混乱；20世纪，中国还经历了一个快速转型时期：高速的经济增长和在全球舞台上的政治崛起。极少有社会能像中国一样在一个世纪内发生如此彻底的转变。政治上，中国国家与社会从漫长的封建帝制转变为短暂的共和政体，之后从脆弱的掠夺性的军阀统治转变为革命的中央集权的社会主义威权国家。意识形态上，中国的价值体系经历了大跨越式的更替：从儒家思想到马克思主义、从帝国统治到共和主义、从封建主义到社会主义，以及从集体主义到个人主义。经济上，中国经历了以计划经济和集体平均主义为基础的国家指导的社会主义工业化进程，之后转变为市场机制为基础的全方位的经济改革。中国的政治和经济图景经历了从危机和失败到快速增长和取得成就的反复变化过程。

上述的根本变化显示了近现代中国历史的重要特征，即为确保中国作为一个繁荣强盛的国家和一个统一的政治实体的存在而进行探索，是一代代的中国人在奋斗中最为关注的事，他们在奋斗中找寻着恢复国家的历史大国地位之路。然而，一系列的改革和现代化的尝试，包括社会主义事业都曾遭受严重的挫折，这些挫折是由内部与外部因素造成的挑战和约束带来的。依据人们评估成败的方式，当代中国由于引领着历史上独有的尝试而被铭记，这种尝试就是，在社会结构和民众意识层面跃过了资本主义阶段而向社会主义转变。我们如何理解并解释这些由重要变化引起的历史变革？在这些变革背后存在着哪些内部驱动力和外部影响？若内部变革由外部推动力所触发，随之而来的影响是什么？反之又如何？

20世纪的大部分时间里，被“挑战—反应”互动的双重性所驱动可以说是中国发展的特征。正如一位学者所解释的，双重性体现了“两个重要动力”的结合：“内生的动力和被施加的外生的休克疗法”。与该见解一样，本章的目的在于提供一个理解和分析内部制约和变革与外部反应和调整之间相互作用的框架。本章如下观点在表格6.1中进行了总结和分类：

1. 20世纪初，中国帝制在崩塌之前呈现出经济落后的典型症状：政治腐败、社会衰弱、阶级剥削、经济停滞、技术变革缓慢，以及沉重的人口压力。以任何标准看，中国面对的现实是政治经济不发达的典型画面，它被许多思想理论流派解释过，比如说亚细亚生产方式、前工业化阶段理论、国家和社会结构理论以及殖民主义和帝国主义理论。内部的虚弱被外部压力进一步恶化，导致国家的最终崩塌和瓦解。

2. 通过结合中国国情将西方马克思主义中国化，中国共产党在1949年掌握了国家政权。中国革命切断了“旧中国”的根源，并开创了社会主义“新中国”，其特征就是通过否定已建立的资本主义与社会主义国家的传统意识形态和政治准则来完成历史上独有的尝试，即在社会结构和民众意识的层面上跃过资本主义阶段而向社会主义转变。从外部看，“失去中国”和美国在亚洲两场战争的失败给美国主导的资本主义体系带来重大影响，同时促进了崛起中的日本和东亚新兴工业化经济体的政治经济。

3. 中国社会主义时期的特征是国有制、农业集体主义和福利平均主义。中国的社会主义可以看作是为追求独立自主的发展而作的努力。中国社会主义被美国领导的资本主义世界秩序严重束缚而不得不去适应国内的约束和国外的压力。然而，中国社会主义的所有成果为后毛泽东时代中国的比较优势与全球经济融合奠定了坚实的物质和公共建设基础。在社会主义时期，红色中国试图使社会主义“中国化”虽然貌似威胁，但没有给资本主义世界体系造成直接的毁灭性影响。

4. 后毛泽东时代，中国领导人通过经济改革开始了现代化进程，目标是通过结合“中国特色”和接受市场资本主义的同时，将中国融入现行世界体系而使西方市场资本主义中国化。目前中国正通过一系列经济的、制度的和意识形态的“被动革命”经历着一场变革性的改变。通过将市场机制与政府的积极作用结合起来而形成的“中国式资本主义”正在给全球资本主义注入活力并带来机遇，与此同时解除了对既存国际秩序的“威胁”。辩证地来说，中国国内的经济成就与对外的依赖性是一枚硬币的两面，既产生了内部的矛盾也引起了外部的不安。

这些陈述试图揭示这长达一个世纪的“挑战—反应”推动力模式下的中国内部发展与外部影响的辩证关系。方法论上，这种关系可以通过用联系历史的方法来考察社会政治和社会经济发展的内外互动而使之概念化。联系的方法通过结合相关的内外因素，被看作是研究社会发展和社会转型过程中其互动关系的方式。这暗示着“挑战—反应”推动力总是内嵌在导致社会变革的多重原因之中。历史方法一方面强调每一种社会经济发展，包括政治、政策、制度和观念的发展，需要在特定的历史背景下理解，也就是说，社会发展和社会问题是与历史维度共生的，并内嵌于改革推动力之中。另一方面，历史方法需要将社会发展视为动态过程的分析视角。联系的方法和历史的方法是密切相关和相互依赖的。前者强调过程中内外因素的联系和相互作用，而后者强调过程的变化性和动态性。

本章的目标有两个：（1）探索外部因素如何帮助中国形成国内转型，也就是说，一代代的中国人如何努力应对外部挑战以及如何尝试将国外政治思想中国化而从内部改变中国。20世纪中国最持久的特征之一是“一个不断地将外部条件内部化的过程，我们称之为‘中国化’”；（2）提供一个框架以从更广阔的全球资本主义推动力层面了解中国经济变革的因素和影响。在许多方面，全球资本的曲折发展使中国在过去30年里实现了经济增长，但同时中国的成长加剧了全球竞争、强化了其他国家在资本主义发展中的固有矛盾，并且重新定义了全球资本主义的界限。对于中国的每一项变革，不论那是上升还是下降之势，资本主义世界体系都必须使其适应或者重新适应全球范围内“中国因素”所带来的机遇和制约。

表6.1 中国在一个世纪的转型中内部和外部的双重因素

中国近现代历史的关键时期	历史上的中国 1840—1911年 不发达时期的发展	革命的中国 1911—1949年 中国化的马克思主义	社会主义中国 1949—1976年 中国化的社会主义	资本主义中国 1977年至今 中国化资本主义
内部因素和转型的主要特点	• “亚洲生产方式” • 社会和家庭制度 • 专制政府和寄生精英 • 集权统治 • 经济的自给自足，封闭的市场 • 经济与技术的落后 • 政治保守主义 • 鸦片战争后文化优越性的丧失 • 社会和文化的解体	• 半殖民状态 • 儒学危机 • 推翻帝制的民族主义革命 • 马克思列宁主义的进入 • 共产党武装革命 • 抗日战争和内战 • 国家的重新统一和独立 • 中国社会主义革命的胜利	• 连续的革命 • 政治挂帅和大跃进 • 阶级专政 • 计划经济和集体主义 • 自力更生和基本需求接近满足 • 公共福利和均等 • 人力资源方针 • 社会主义经济和社会主义政治领域的基本成就	• 回归马克思主义“阶段性”理论和重新定义社会主义 • 经济挂帅 • 阶级和地区不平等 • 市场经济和商品化 • 资本积累和出口导向 • 依赖国外市场 • 实用主义、专业主义与精英主义 • 中国共产党的内部适应和改革 • 民间团体和非政府组织的出现 • 环境和社会问题
外部因素和转型的主要特点	• 欧洲工业化国家的崛起 • 中国在鸦片战争中的失败—被迫开放中国的贸易和市场 • 西方列强享受不平等条约 • 西方产品的流入，中国生产方式的瓦解 • 刺激中国资本主义 • 西方进步思想意识的进入	• 凡尔赛条约后中国的反西方帝国主义 • 俄国共产主义革命的胜利 • 共产国际的影响 • 日本侵略和国内力量联合 • 内战和美国反共产主义中国的政策 • 美国对民族主义者的一边倒支持	• 朝鲜战争和越南战争 • 美国作为地区安全的保卫者 • 日本和东亚新工业化经济体的兴起 • 中国社会主义作为意识形态与社会政治的挑战存在于资本主义世界体系外部而不是内部 • 美国在亚洲和欧洲的遏制政策 • 中美为遏制苏联的扩张主义而恢复邦交	• 全球对外直接投资流入中国 • 生产外包给中国 • 中国是全球增长和贸易、商品价格、能源需求、国际援助、全球环境和安全问题的引擎 • 美国专注于反恐 • 中国在非洲和拉丁美洲的影响力 • 北京共识的出现 • 金融危机和美元的衰弱 • 人民币地位的上升

2. 不发达时期中国的发展

从19世纪初期到1949年社会主义革命胜利，中国呈现出了落后的典型症状：政治腐败、社会衰弱、阶级剥削、经济停滞、技术变革缓慢以及沉重的人口压力。以任何标准看，中国面对的现实是政治经济不发达的典型画面。问题是：这是怎么发生的？是何种内部和外部的制约给中国带来衰落和不发达？这些制约更多地是由外部还是内部引发？从19世纪中期开始的中华文明的衰落和不发达状况已经成为社会科学尤其是发展研究领域关注的课题。不同的思想流派试图从不同的角度来提供解释。

经典马克思主义的概念将东亚社会与亚细亚生产方式（AMP）等同起来。亚细亚生产方式描述的是：地理上，中国传统社会依靠着灌溉系统，需要一个集权的政体协调和发展大规模水利工程；政治上，专制的统治阶级对中国进行集权统治，形成了停滞落后的社会；社会经济上，中国的经济基础由经济上自给自足的、结合了农业和手工业的家庭和农村社会组成。这种体制的长久性一方面建立在对国家的忠诚上，另一方面则在于对家庭的孝道，二者使政治父权制与世袭制成为可能。在这种社会政治组织下，国家和家庭之间的距离变小，故不可能期待中国（或其他非西方，古老社会）有过或要求过任何类似在“公民社会”中才能融合及具体化的态度、价值观和体制的复合体。

亚细亚生产方式的概念认可“西方对东方历史的特权地位：西方的活力和进步对抗东方的停滞和倒退”。它将东方社会视为停滞的“水利社会”，未能接受资本主义生产方式的发展。它认为东方前资本主义的经济形态、他们的“原始的”社会形态，以及家庭或宗族为基础的社会结构对“资本主义生产方式”的出现是不利的，也就是说，西方政治独立王国和城市的封建制度的存在对产品交换价值的增长以及资产阶级和工业资本主义的兴起至关重要。这个概念研究的主要中心放在了国内经济体制的制约因素上。

另外一个也强调内在因素的思想流派是国家和社会结构理论。那是中国学者试图从与中国国家和社会结构诸多特点相关的内部因素的角度来解释中国的不发达。它强调由中国家庭制度所体现的社会结构、保守的官僚主义和治国思想、寄生精英，以及宿命论等都是现代化的阻碍。这种理论的支持者认为现代化的要求与儒家对稳定和等级制度的要求是不相容的。和AMP理论一样，这个学派的概念框架强调了国内社会政治结构的失灵。

一个更加激进的把外部因素作为批判对象的方法是殖民主义和帝国主义理论，它在本质上将这种不发达视为西方殖民帝国主义扩张引起的历史进程的结果。它认为与外部的联系，比如与帝国主义列强和日本的贸易和接触，往往会加剧不发达状况。以这种理论的观点来看，不发达不是前工业化社会先天的特性，而是特定历史进程的结果。它认为即使帝国主义渗透确实给中国带来了现代经济元素，这种影响也会在地理上受限而且部分扭曲，从而为外国利益服务。中国之所以在1949年以后能够加快工业化进程是因为“社会主义革命果断地打破了将中国束缚在资本主义体系内的纽带”。

最有挑战性的讨论来自文化主义学派。比如，黑格尔在西方的世界意识创造了革命性的历史时，发现中国正处于“历史的童年期”；[①] 马克思——其理论和洞察力激励了中国革命，他把中国描述为一个“在对抗时代中枯燥生活”的社会，并将长城作为非欧洲社会对改变进行普遍反抗的隐喻。他们的观点是可以理解的，因为这些对中国的认知虽然还未成熟，却是比较了非西方文化的牢固性与欧洲的变革性的结果。在这种观点的背后是为其他文化建立一种欧洲模型并使其追随的愿望。在把中国放入韦伯式文化主义解释的框架时，中国过渡到资本主义阶段的失败是由于中国的儒家文化价值观不能在创造力、竞争和发展方面接受资本主义的发展。就像在其他思想流派中看到的一样，这种方法的理论范式同样指出了内在价值体系的局限性。然而，韦伯的文化主义理论和方法被学者们、特别是日本和东亚新工业化经济体的兴起、尤其是中国的复兴所挑战。

对这些理论争论的介绍是为了突出本章的主题：中国在一个世纪里对于内外制约因素的反应。正是为了摆脱这些政治、经济、文化或社会的制约，

① 这是黑格尔的一个比喻：人类从“童年期”（东方或亚洲）成长，而后进入老年（西方或欧洲）。东方被看作是无思考意识之地，就像一个顺从其父母的孩子，在这里，个性和主观自由是缺乏的。相反，日耳曼世界中基督教的发展代表了老年历史，也就是说，精神上的老年意味着成熟和强大。

在建立共和国之前和之后的中国革命进行了改造中国社会和人民意识的历史性尝试以恢复中国的历史地位。

3. 资本主义世界秩序下的中国革命

自从中国在鸦片战争中失败以及清王朝的衰弱和最后崩塌，中国知识分子和精英们就中国往何处去产生了深刻的分歧。主要有四个思想流派。第一个流派赞成对传统社会结构的复原，恢复中国的历史大国地位并驱逐外来者。第二个流派倾向于有限度的改变，但对现代科学和工业不感兴趣，对学习西方政治哲学和经济体系也无热情。其唯一兴趣是西方武器技术以及军事训练。第三个流派走向了相反的极端。它推崇全盘西化，并确信科学技术影响价值观。这一学派的人认为借鉴西方技术的同时维持中国思维方式及其过时的制度结构是不可能的。最具有影响力的是第四个学派：马克思主义和列宁主义。

3.1 马列主义的中国化

儒家文化和价值体系在封建制度中发展了数千年，而马克思主义出现在18世纪的欧洲背景之下。它们似乎在时间上和内容上没有关联；但是，历史将二者在中国合二为一。

鸦片战争后中国面临的挑战是双重的：中国不仅要建设现代经济，还要创造新的文化和价值体系以确定国家发展的方向。形成新的文化认同的要求成为一代代中国改革者和革命者的目标，因为新的价值体系和态度是对社会物质基础同时也是对个体转型的重建，而且经济发展与文化是复杂地相互联系的。中国确实需要一个新的综合性的哲学基础，一个新的理解框架——一种新的儒家思想——那就是西方进步的马克思主义与激进的列宁主义恰恰在中国找到它们的位置的原因。

在这段时期，不同的思想流派进入中国，包括许多受外国启发的学派，比如说立宪主义、实证主义、马克思列宁主义、社会主义、自由主义、达尔文主义，等等。正是在这个时期，马克思无产阶级文化和阶级理论开始影响和启发革命者们的世界观。虽然中国的情况不符合马克思主义所说的社会主义到来的前提条件，比如成熟的工业基础和无产阶级占多数，但是，仍然有许多理由说明马克思列宁主义的吸引力：

（1）用西方的观点批评西方是一种有效策略；（2）它给中国人一个新的方法论框架以理解他们自己的过去并预见未来的轮廓；（3）它对国际现实提供了一种概念化观点。最后，它有足够的资格证明它的反帝国主义——具有吸引力的重要来源——1917年布尔什维克革命后，苏维埃领导人公开指责帝国主义、单方面废除不平等条约并放弃沙皇俄国时期许多的特权，包括治外法权与庚子赔款的份额。

马克思列宁主义打开了中国进步知识分子的眼界，并使他们对中国国内问题的看法国际化。马克思列宁主义关于殖民主义和帝国主义的学说为中国提供了一个根本的方法，在本质上将中国的不发达视为西方殖民帝国主义扩张所引起的历史进程的结果。在中国知识分子找寻恰当的解释和理论来应对中国传统文化的失败和在西方手中蒙受的耻辱这个过程中遇到困难时，马克思主义、特别是列宁的资本帝国主义理论，为他们提供了部分理论框架，同时也为他们提供了心理解答。它给他们提供了灵感的丰富源泉，启发他们形成自己的观点并从不同视角分析这个世界。他们意识到，中国再也不被视为地球的中心、被蛮夷（中国作为“中心王国”）环绕，而是“越来越成为世界商品市场和观念的一部分”的社会。

然而，由毛泽东领导的中国共产党成功地将中国革命的潜能与世界范围内的无产阶级运动联系起来，并在国家争取独立与繁荣的过程中为建立民本主义传统铺平了道路。自从1921年中国共产党建立，中国在转化和强化马克思列宁主义的影响方面是同等重要的。中国人对自己在国际事务中扮演的角色的看法有了变化：从以自我为世界中心和建立世界权力，到将中国问题视为世界问题的一部分以及认为中国革命与外部世界相关。

虽然事实是“毛泽东思想只含有少部分马克思主义”，但是毛泽东能够把学习与政治才能相结合、把马克思列宁主义与中国实际相结合。他巧妙地通过对“阶级”的再定义和运用以及阶级政治，来抓住将中国共产主义运动中国化的机会。[①] 毛泽东"用农村包围城市"的战略把中国革命变为一场以农民为基础的成功起义。这是"中国对整体跨国政治思想进行实践"的又一个标志。不论西方进步理论在影响中国革命上有多么重大的意义，如果没有毛泽东将其适用于中国实际，马列主义可能仅仅带动少数起义。虽然共产主义历史学家坚持认为"是人民创造了历史"并且不接受历史上的伟人理论，但是毫无疑问，如果没有毛的贡献，中国历史将会走上不一样的道路。

3.2 "失去中国"与日本、东亚新兴工业化国家的兴起

1949年中国共产党的胜利冲击了战后美国主导的资本主义世界秩序。"失去中国"给美国社会带来了巨大的影响。上至总统和政府官员，下至媒体和普通民众，美国人简直无法理解依靠美国现代化军事支持的前途光明的中国国民政府会被共产主义者领导的"暴动"所打败。美国将毛泽东和新中国视为反美力量的看法是被误导了，这种误导很大程度上是由于没有真正理解毛泽东对美国的真实看法和认知。毛泽东关心的重点和对美国的分析事实上总是在于如何衡量它的力量和对新中国生存和安全的影响。所以，虽然二战后以及中国共产党胜利后美国政府可能有机会与社会主义中国发展正常的关系，却被误解所阻碍。

美国政府立即对"失去中国"做出反应：对红色中国进行军事遏制和孤立，美国政府认为遏制中国可以阻止革命的传播。在近四分之一世纪里，"失去中国"的观点严重影响了美国在亚洲的政策，对共产主义的恐惧以及美国的政治、教育和社会歪曲了美国的这一政策。对共产主义的恐惧引起了美国以遏制中国革命为目的的两场亚洲战争，也就是朝鲜战争和越南战争。美国拒绝承认中国共产主义革命的胜利，而且美国与东亚的关系多年来处于盲目与致命的狂热中。

"失去中国"还促进了上升中的日本的政治经济，以及在美国扶植下蒸蒸日上的东亚新兴工业化国家。在美国的保护下，这两个地区的外部军事威胁和内部共产主义扩张的危险很大程度上被控制了。通过对日本和其他东亚国

① 毛了解能被转变为革命军队的一部分的几亿农民的力量。中国革命实际上是农民革命而不是工人阶级的革命。

家提供安全、经济支持和军事援助，美国的目的是控制他们并将他们（包括欧洲的德国）的身份定义在美国主导的联盟内，阻止他们开始独立的政治和军事进程。[①] 同盟国家的军事开支因为美国的军事存在而大幅减少了。美国的军事基地被证明不仅保护了这些国家，而且为他们提供了经济利益，比如说就业。甚至在今天，美国军事力量的撤出仍将被看作是巨大的经济损失。

美国在东亚长期的战略利益可以从两个目标来理解："监视"日本的角色；"管理"来自中国可能成为地区和世界大国的危险。美国在这一地区作为一个均势维护者的角色和存在受到地区小国的普遍欢迎。在可预见的未来，不管哪个国家喜欢与否，美国将在东亚继续扮演关键的角色。

4. 资本主义世界体系里的中国社会主义

根据一些学者的观点，中国之所以在1949年以后能够加快工业化进程，是因为"社会主义革命果断地打破了将中国束缚在资本主义体系内的纽带"，并且切断了各种复杂的国内约束条件的根源，比如说地方主义、军阀主义和外来统治。但是，如同所有的社会主义国家一样，革命后的中国还是"资本主义世界体系"的组成部分。[②] 中国能够形成一个自主的实体、与资本主义体系相互作用却仍可避免随着更大资本主义集团的无常变幻而轻易改变吗？换句话说，中国会被允许和平地发展一种替代模式和走一条独立的社会经济发展道路吗？历史证明，答案是否定的。

4.1 中国社会主义的奋斗和制约因素

20世纪社会主义国家的历史和轨迹表明，在外围和半外围国家，世界范围的社会主义运动最初都试图改变资本主义的基本逻辑，并建立一个替代的生产模式，但最后却变成运用社会主义意识形态来推动国家工业化以赶上处

① 人们认识到，东亚作为战后美国全球战略的一部分，美国在东亚的目标是恢复资本主义世界体系的运行，这与二战期间法西斯军国主义的日本的议程有根本的不同。

② 以世界体系理论的观点来看，社会主义国家是"国家资本主义"，因为国家在资本积累过程中是关键的角色。

于中心地带的先进资本主义国家。[1]因此，从世界体系的角度看，社会主义国家仍然处于与资本主义世界经济的互动中，而且他们的行为很大程度上被资本主义世界经济的国际体系所制约。虽然社会主义国家具有一些社会主义特点，比如平均分配、就业保障、综合福利制度，等等，但他们仍然是资本主义积累模式中不可或缺的参与者。中国社会主义的历史证明这不是例外。

有必要指出，中国社会主义的挫折不能简单地归因于“乌托邦主义”或者国内政策的失败。这是因为除了国内困难，中国社会主义还遭遇了严重的外部挑战，比如帝国主义的敌对、经济禁运、剥夺资本和技术通道、外交孤立和来自资本主义世界由美国主导的军事干预。中国同时面临着冷战秩序带来的严重的外部制约因素，这些因素在很多方面影响了社会主义试验的选择和策略以及它们采取的做法。自力更生的策略是国内政策以及外部压迫共同导致的选择。甚至中国机构的设置也是根据在持续战争状态下生存的需要而建立的。[2]

因此，在评估中国社会主义的优缺点时，分析方法不应该仅局限于国家层次而不考虑外部环境。这个道理同样适用于对中国经济发展的研究——许多学者在国家层面研究社会主义经济而忽略了社会主义国家和它们的发展是资本主义世界体系不可分割的组成部分这一事实。它们的成功和失败严格取决于整个体系的制约和所提供的机遇。必须看到，中国发展的许多战略和政策选择，比如强调重工业、对非生产性领域（国防工业）巨大的资金和人力投入以及严格的政治控制都或多或少取决于外部环境：为了国家安全和社会主义事业的生存，这些政策有必要做出牺牲。发展工业作为国防基础的需要非常突出，就其本身来说，中国的方式和目标与苏联、日本以及其他一些国家没有太大的区别。

众所周知，日本的成功和一些亚洲新兴工业化国家（NICS）快速的经济发展主要依靠出口导向战略。东亚发展模式下的经济增长动力应归于快速增长的出口被广泛认同。从1960年代开始，跨国公司不断增加对低收入国家的

① 根据世界体系理论，国家被分为“中心”、“半外围”和“外围”几个集群。中心，也称为“第一世界”，指西方高度发达国家，它们拥有以进口原材料和出口制成品为基础的资本密集型经济。

② 中国的机构（汉语中叫“单位”）的组织逻辑根源于战争时期（抗日战争和内战）。这是一个分权体系，在这个体系里，每个单元/机构可以在生产、储备、福利、医疗管理等方面自我生存。

生产转移，这样的有利条件为相对低成本的工业生产融入世界经济创造了机会。因为经济制裁，中国明显被拒绝触及这些有利条件，并因此被排除在世界经济上升阶段有利的国际发展条件之外。同样地，中国即便希望，也无法寻求以出口导向型工业化为基础的发展战略，同时也由于被强加的经济制裁与禁运而不能采取进口替代战略。

因此假设中国在后毛泽东时代快速的经济增长事实上是由于对有利国际条件的“重新获得”并非夸张。辩证地看，正是由于强加于中国的国际孤立，迫使中国采取替代性的自力更生与自给自足的社会主义发展战略，使得中国有可能运用社会主义积累的基础将外来因素造成的扭曲控制在有限的水平。作为社会主义的一份遗产，“中国还以唯一无任何未清偿的国内或国外债务以及具有单一的稳定货币的发展中国家而引人注目”。一些学者强调这样的观点：中国社会主义有一些独特的发展战略比如经济增长、经济平等、就业以及经济自主等，给发展中国家提供了很好的经验，尤其是关于促进集体制度、有效劳动力投入最大化、具有广泛群众基础的人类发展、普遍的福利保障、缩小地区间和城乡间以及劳动力分工差距等方面。因此，中国整体的社会主义经济记录理应是成功的，尤其是“当中国从十分不利的低起点开始其工业化进程，并且在人民共和国的前数十年被置于充满敌意的国际环境之中时”。

简而言之，在中国进行社会主义试验的几十年里取得的经济成就和比较优势，为邓小平的开放政策打下了坚实的基础并铺平了道路，使其能够将中国经济融入世界市场。然而，后者的道路并不是预先确定的。这些社会主义成就使中国变得相对强大，在世界市场交易中相对平等。目前中国与西方、尤其是与美国的矛盾，在于美国希望确保中国在世界市场竞争中遵守“既定规则”，因为中国的比较优势可能打破这些规则。因此，只强调目前的成功而不对社会主义成果作出的贡献进行合理评估，是不顾历史的做法。

4.2 中国经济崛起的社会主义基础

从1970年代末期开始，后毛泽东时代的体制需要做的并非“经济重建”，而是“经济改革”，其目标在于修正早期经济政策中“不合理的”部分。记住这一点很重要。因此，忽视在政治独立自主下中国社会主义的成就，以及国内阶级关系的主要变化给后毛泽东时代的经济进步打下基础的事实，是历史性的错误。土地改革的成功对中国复兴的重要性需要被特别强调。从中国革命中萌生的许多积极的民主思想、参政意识、经济和社会权利，已经渗透到人们的思维方式中。例如，现政府的发展政策专注于“和谐社会”的建设，这可以看作是大众压力和不满社会差距与官僚腐败的结果。这种被公众意见促成的集体行动表明了继承自“文革”并表现出来的勇气。因此，“文革”时期努力解决的理论与实践上的问题能够超越时间与空间，在以新观点解读时会继续有深刻的理解。根深蒂固的革命传统将继续在平衡市场力量上扮演重要角色。

如果我们不对毛泽东时期中国社会主义的发展（中国从落后的农耕社会发展为1970年代的重要工业大国）做出实事求是的评价，我们将无法理解中国社会主义发展的逻辑和制约，以及从那个时期遗留下的问题。当经济改革开始的时候，中国社会主义的成效可以明显地从中国在建立与资本主义世界秩序互动规范中的有利地位看出来。正如一位中国学者所观察到的：

……它（中国）并没有被卷入外部经济制约的复杂网络中而限制了自己的行动自由，也没有为外部大国或公司的利益而扭曲自己的决策……强大的具有自主权的国家的建立——在为误判留有一定空间的同时——为保证其在国际经济联系中更有可能获益提供了政治前提，正如古典经济理论和现代发展经济学所预示的那样。

毛泽东的独立和不结盟外交政策由上述的工业和军事技术的坚实发展做支撑，并以与发展中国家的牢固联系为辅，这些国家支持中国成功地作为安理会常任理事国之一重返联合国。这种政策为中国与美国及其他主要的西方国家恢复邦交打下了坚实的基础。随之而来的是，后毛泽东时代的政权可以在与世界体系中的中心国家在相对平等或有利的基础上磋商政治、经济和军事关系时，处于有利地位。

后毛泽东时代经济改革的成功证明了1980年代与1990年代改革时期的基本变化和成就，清楚显示了中国社会主义发展战略在某些方面，尤其是在农村地区的贡献。例如，中国的乡镇企业在改革时期的经济增长中发挥了重要作用。乡镇企业甚至超过国有企业成为中国经济发展最具活力的发动机。

根据世界银行报告，中国乡镇企业（TVE）的增长和表现是非凡的：它们在GDP中所占份额从1985年的13%增长到1994年的31%；它们的产量从1980年代中期开始以每年约25%的速度增长；它们现在占了中国工业增长总量的三分之一；在超过十年的时间里，TVE创造了9500万个工作岗位。因此，虽然我们批评社会主义时期的大动荡、经济停滞、知识分子被迫害和暴力群众运动，但是我们必须承认中国农村人口在居住条件、基础设施建设、教育水平和农业生产实践方面的大幅改善。这些改善为经济改革初期的经济腾飞铺平了道路，因为改革始于农业。

5. 中国崛起和现行世界秩序：相互影响

在过去十年，中国被全球媒体关注，尤其是2008年以后，中国的大事和议题出现在各大媒体的头条：从“北京奥运会”、“全球债权人”、“世界工厂”、“污染大国”、“资源短缺”、“军事超级大国”，到“民主和人权”、“台海关系”以及“西藏和新疆独立”等。中国经济在过去三十年里的持续增长被断言是冷战后对现行世界秩序的最大挑战。

5.1 全球的“中国因素”

中国在过去三十年里的经济高速增长使其经济影响力扩展到全球：

1. 中国经济规模及其与世界经济的融合是全球通胀环境不确定的原因之一；

2. 它的货币成为争论的话题；

3. 它通过大规模投资于研究和开发而不断提升的技术水平；

4. 它不断增加的全球贸易份额引起发达国家与发展中国家工人和公司的日益担忧；

5. 它对能源的渴求导致了全球能源价格的飙升以及资源竞争和冲突；

6. 它凭借世界最大的美元储备获得新兴全球债权人的令人畏惧的地位，并拥有“挑战美国全球金融领袖”的潜能；

7. 它作为外国直接投资的目标与美国和其他发展中国家展开竞争；并且

其海外投资的影响已经开始被全世界感知；

8. 北京已经成为国际关系和全球政治中“不可缺少”的力量，在解决地区和全球问题上具有决定性作用；

9. 它的经济已经成为推动东亚地区经济一体化的重要引擎；

10. 许多其他迹象表明了中国的全球影响力，包括在与拉丁美洲关系中加大投入，其在联合国的新行动主义，在世界贸易组织中代表发展中世界发出声音，与世界银行与国际货币基金组织的密切合作，以及通过上海合作组织在亚洲中心推动地区多边主义和安全的努力，等等。结果是，中国日益被视为拥有美国之前曾拥有的“不可缺少的国家”的特质。

对于一些学者而言，中国的崛起可以用“北京共识”这个术语来形容，这个概念被用来指对政治、发展和世界力量平衡的独特态度；也有其他人就称之为“中国模式”，而被称为“有中国特色的社会主义市场经济”的中国化的市场资本主义则意味着中国政府在实现宏观政策独立和社会政治稳定中的积极作用。“北京共识”和“中国模式”正在被解读为中国软实力的增长，或者解读为对现存经济理论的重大挑战，同时也是对国际关系理论的重大挑战。随着中国经济与社会的巨大变革，我们会看到“中国国际关系理论”在不远的未来出现吗？答案就是：这不仅有可能而且甚至是不可避免的。

中国的崛起对整个西方世界尤其是美国意味着什么？美国主导的世界秩序会给中国国内演变怎样的反作用力？崛起的中国会愿意被战后世界秩序建立和规定的既定规则所约束吗？或者说它会修改规则或在许多领域确定自己的规则吗？比如在知识产权、贸易惯例、国家与市场的关系、军事扩张以及国家间关系等领域。在对中国崛起作出反应时，现实主义和新自由主义学者们提出非常不同的分析和政策建议。现实主义者强调理解世界体系零和博弈的重要性，主张预防“即将到来的与中国的冲突”。然而新自由主义者强调制度方式的优点会吸引中国，这样，中国会融入国际机制并成为现行世界体系的参与者。

5.2 来自国内的挑战和矛盾

可以预见，在不远的将来，中国对自然资源的进口，尤其是石油和天然气，必然大幅增加而使中国受制于国际能源市场。这似乎清楚地意味着不仅国际商品价格和国际地缘政治力量关系受到影响，而且中国自身的国内发展，比如对外政策思维、对外援助设计、武器出售计划和远程海军力量投射能力的扩展也将立刻受到影响。在中国领导人和学者之间存在一种共识：能源已经成为关系到中国经济发展、社会稳定和国家安全的重要战略问题，并认识到中国的重要国家利益[1]高度依赖于充足的能源进口以及海洋运输安全。因此，当中国努力保持高经济增长率时，依赖国外能源市场会成为制约的潜在源头。

近年来，我们看到了中国民族主义的复兴与西方对中国优势的反应的不相容。在许多方面，包括政治上和经济上，北京确实挑战了西方的利益和意图。这给该政权在与外部敌对者的对抗中，通过利用民族主义来平息国内不满和建立新的合法性基础提供了机会。虽然可以在政治家、知识分子和学生等群体中察觉到对美国的抵制和敌对，但是对于不完全将中国融入美国主导的资本主义世界体系能得到什么，中国领导层并不十分清楚。在中国的社会主义时期，民族主义和社会主义被用来动员群众将中国建设成自力更生的国家。现在民族主义和儒家思想似乎被用来激励国家和人民来恢复中国在世界秩序中"正常的"的大国地位。

由于过去三十年里中国的工业化和城市化所经历的迅速增长，中国社会的阶级结构已经被明显改变，导致第三种社会力量历史性地出现了：公民社会。中国政府不仅接受公民社会作为新兴独立的社会力量的概念和实践，并且将其作为中立阶级实体而加以发展和非政治化。这是因为在这三十年里，中国无产阶级与半无产阶级工人的比重大幅增加；而且在可预见的未来，中国无产阶级化的程度和工资水平将会与拉丁美洲和东南亚的半外围国家当前的水平相同。经济市场化已经将中国的社会和经济分层变成"彩色外套"。具有讽刺意味的是，今天中国市场社会主义的许多矛盾本质上就是阶级斗争。本地的、地区的和国家层面的阶级对立和斗争将成为近期和中期影响中国工业化的重要社会政治问题。这反映了一个真实的道理：资本主义的手段和结果不能被轻易分开，而且资本主义越是运用经济成功手段，社会主义结束的

---

① 中国的国家利益被政府定义为包括持续的经济增长，防止台湾独立，重获全球大国地位，坚持中国共产党的领导地位。

可能性就越小。

中国非凡的经济成就为它与资本主义世界经济的日益融合提供了可能。北京从全球经济改革中的获益与它对全球市场的日益依赖是分不开的。中国经济发展的方式和模式越来越与东亚新兴工业化国家的模式相类似：深化与西方工业国家的结构关系并依赖对外贸易、投资和金融。如果我们深入调查中国经济增长的“成功”，我们很容易发现西方投资者和私营企业主导着最具有活力的经济部门。换句话说，中国快速的经济增长是由对外投资与合资企业支持的出口所驱动的。以外向为主的新自由主义阶层的支配地位将加深中国的依赖性并加强有外部联系的群体的领导权，然而民族主义情感的支配地位也能产生模糊的政策，这种政策倾向于规定官方资本与私人资本、内部投资者和金融家与外部投资者和金融家结合的条件。市场所驱动的增长鼓励更多的特许经营权以诱导资金在无限扩张的可能性中流动和增长，以及鼓励更多的结构性变化以满足对国外市场和资源的巨大需求。此外，与世界市场紧密结合后，随之而来的是对跌宕起伏的世界市场生产力的过度依赖。要让北京修正对海外市场的过度依赖为时已晚。沿海省份的数百万工人正依赖着对外贸易和技术，从而加剧了中国追求独立外交政策能力的局限性。当前金融危机（2008年和2009年）已经指出了这种脆弱性。

因此，一些学者看到，真正的危险并不在于中国的对外经济扩张，而在于国内领导人的不安全感和潜在的社会动荡（这种动荡源于经济市场化对国内造成的不稳定结果）：大量的社会混乱、增长的失业率、能源短缺、扩大的不平等、环境恶化、大迁徙、民族关系紧张、少数民族分离主义，等等。与中国改革与生俱来的矛盾，其潜在的社会和政治代价是非常高的。2008年西藏和2009年新疆的分离主义暴乱是两个最新的例子。

5.3 来自外部的挑战和矛盾

如果毛泽东的自力更生和自给自足的发展道路被设计为可能的发展模式和意识形态，而且社会主义政治的中心目标被看作是要挑战世界经济秩序中不公平的等级制度，那么这样一个社会主义霸权计划，虽然表面上具威胁性，却或多或少存在于美国主导的资本主义世界体系之外。换句话说，中国的社会主义在更多意义上是一种意识形态的挑战，它无法构建一个可持续的替代模式来代替资本主义世界体系。中国在与美国恢复外交关系、尤其是1970年代末开始经济改革以后，重新加入了资本主义世界，这被看作是对资本主义世界秩序最有意义的拯救，因为资本主义世界体系的中心部分——美国和欧洲——在与前苏联漫长的冷战竞争中也被严重削弱。

中国对外关系的许多矛盾，尤其是在其与西方和美国的关系中，存在两个相反的方面：进入世界资本主义市场的同时却保留其“社会主义”和国家认同。中国因历史上的经历而不信任西方和日本，同时中国又有加入西方发达国家俱乐部以及借鉴、学习、参与贸易和技术转让等的强烈愿望，于是，主要矛盾便出现了。随着持续的经济增长和上升的军事实力，中国在加入既定的资本主义世界体系的过程中，希望西方主导的世界秩序承认其“中国特色”。但是中国的国内政治经济结构在与外部资本主义世界互动中会引发严重的矛盾。当前，“新自由主义”和“民族主义”的混合物已经造成了意识形态和政策规划的模糊性。结果是，中国共产党必须不断适应变化中的现实，以谈判或重新谈判达成其政治合法性。

从政治上说，虽然中国在后毛泽东时代的经济发展模式从资本主义基本特征的角度看似乎是市场和资本导向的，但它仍然由对政治、发展和全球均势的独特看法组成，并专注于实用主义、制度适应、绩效导向，以及社会政治和技术创新。这要归因于中国三十年经济发展的成功、中国对创造一个替代的发展道路决定性的要求、对国家主权和全球多边主义的强烈信念以及在“不对称力量预测”的战略中积累的方法（即如何在与剩余的超级大国的不对称力量关系中、与跨国资本的不对称力量关系中获得权力和维持权力）。具有讽刺意味的是，因为其对获得世界财富和资源更大份额的雄心以及对环境问题的潜在影响，这种模式可以被视为真正的威胁。同样具有讽刺意味的是，这种“威胁”正存在于全球资本主义机制之中！中国十三亿人口的资源消耗和财富积累带来的“威胁”比塞缪尔·亨廷顿的“文明的冲突”更实际。中国模式的挑战不仅正在使西方新自由主义经济理论的基本假定陷入疑问，而且使经济现代化和西方政治民主之间存在因果联系的认识也陷入疑问。从经济现实主义的基本信条看，对于西方国家的安全和利益来说，贸易、利润和安全问题比有关中国民主与人权的道义问题更加重要。

当西方垂涎于十三亿人口的购买力时，却忽略了处于初期的充满自信的资本主义经常会表现出一些野蛮的特点，并可能造成无法预计的结果。中国自由市场经济促使人们寻找每一个可能的机会和方式获得利润或仅仅是为了生存。从中国的角度看，北京的许多“不良行为”和中西冲突实际上是中国的经济市场化引起的人权与资本主义之间、对稳定的需求和对吸引外资的需求之间、廉价劳动力和快速出口之间、经济自由化与中国共产党政治合法性之间的不平衡优先权的结果。从西方视角看，一方面其希望看到资本主义市场经济推翻中国的威权政府，另一方面，中国初期资本主义缺乏规则的逐利行为对西方商业利益造成了很大危害，必须通过中国政府运用权力进行干预以阻止这种危害。事实上西方越来越失去政治谈判能力而对中国市场愈发依赖。这已经使西方试图将“软价值问题”（比如人权、劳工权利和西藏独立）与“硬价值问题”（比如贸易和利润）结合起来的政策遭到了诸多失败。

虽然中国的“崛起”被普遍认为给全球资本主义提供了潜在的“双赢”局面，但也被一些人认为引起东亚和南美其他出口导向型国家的相对“衰退”。中国的资本主义增长战略——通过中国在全球进口中（尤其是美国市场）所占份额和在跨国资本中（比如对外直接投资）所占份额的增长来衡量——已经引发了地区和全球矛盾。根据一些学者的研究，在某些商品链中，通过对现存半外围国家的生产成本和工资水平造成压力，中国的竞争优势正在削弱这些国家的相对垄断性。在当前资本主义世界体系中，半外围国家外围化的危险被一位学者从理论上进行了分析：

这对于资本主义世界经济有一种危险的暗示。半外围在世界体系中扮演着不可或缺的“中间层”角色。半外围这一层给“现代化”、“发展”、最终给外围国家的绝大多数人的逐步富裕带来了希望。如果这一层消失并仅沦为外围国家的一部分，世界体系很有可能在政治上变得非常不稳定……半外围的外围化会使资本主义世界经济失去有效需求的主要来源。此外，外围化的半外围国家将不可避免地面临国内高度紧张的政治形势。相对更加无产阶级化的工人阶级会要求半外围的工资水平与政治和社会权利。但是，外围化的半外围国家将无法在提供相对高工资的同时，也能在世界市场上与其他外围国家或外围化的半外围国家的竞争中生存。整个半外围都会受到革命和政治混乱的威胁。

中国的资本主义增长战略已经无法避免地制造了地区和全球收缩。中国正作为其他国家和地区问题的起因被牵连入内：过度生产、不断降低的地区工资水平、地区间为投资和资源而进行的破坏性竞争，等等。

最后但同样重要的是，中国的能源需求和能源外交对全球能源安全具有重要影响。中国对全球贸易的严重依赖促进了它对资源不断上升的需求，目的是维持其经济增长和为其不断的发展计划提供动力。中国在一系列商品上已经成为世界最大的进口国：从铜到钢铁，还有原油。不仅仅全球商品价格和国际地缘政治力量关系受到中国能源需求的影响，中国的国际政治，比如对外政策考虑、对外援助设计、武器出售计划和远程海军力量投射能力的扩展也将与能源问题紧密相联，这就迫使当前国际能源机制要调整其既定的游戏规则。这是因为国际能源机制"不仅被资源丰富国家的经济、政治和社会因素影响，也被国际政治因素，尤其是国际均势的变化、国家间关系的调整和国际规则的改变所影响"。

由于近年来能源安全成为中国首要的国家安全考虑之一，北京提出了双轨战略：（1）通过贸易和投资与具有潜在能源储备的替代地区，比如非洲和拉丁美洲发展良好关系；（2）为技术进步和气候环境的变化做准备，这两者将使北极水域的海上运输成为可能，从而将具有密切商业联系的北大西洋和北太平洋连接起来。由于明显的参与迹象，可以预计中国将不断加强其在北极地区的国际政治经济关系，并通过其在南极的极地研究基地来加速进行研究。

6. 结 论

本章试图构建一个框架以理解中国历史上的变革与目前重新崛起的过程中内部因素与外部因素的联系。这样的内外联系与挑战—反应方式密切关联，它们是一个共生的辩证过程：内部斗争由外部挑战引起，同时内部的变革是外部调整和适应的反应。中国为摆脱对它发展的束缚而进行的长达一个世纪的国内斗争与外部对"中国因素"的持续反应是同时并行的。中国成功解决内部发展问题的能力与应付外部挑战的能力将不仅影响其国内稳定、经济和政治自由化以及领导地位，而且影响地区与全球安全。

历史地看，中国能够展现这样的能力：在吸收外来思想和影响的同时使之中国化并使之成为本国价值体系不可或缺的一部分，比如佛教和马列主义的中国化。今天，中国是否能将资本主义中国化并创造出“社会主义市场经济”仍是个问题。虽然最近几十年的经济增长已经撕掉了中国文化历史的诸多物质符号，但中华民族仍然是极具历史感的民族，她具有强烈而普遍的民族主义。中国的民族主义是内部推动力不可缺少的一部分，这种推动力会转化为强烈的反西方情绪，如果西方拒绝向中国提供领导权或拒绝与中国分享领导权。过去民族主义主要被党和国家引导；当今的民族主义者有现代技术和经济繁荣的支持，他们正于国家控制之外独立地行动。

目前我们正在见证中国面临的有趣局面：由于与全球资本主义经济的深度结合，北京一方面获得经济力量，但另一方面损失了政治独立。换句话说，中国通过积极参与全球政治经济而崛起，同时，这种崛起正在被转化为更严重的脆弱性和依赖性。北京通过将中国经济与全球市场融合来保持其合法性的愿望，将使它在面对国内经济挫折和国外压力时显出政治上的脆弱，从而危及其保持完整性。

在过去的几十年，对中国着迷或是对中国恼恨，总是影响着西方学术界和新闻界，他们总是制造强烈情绪，包括从过度的认可和无条件的乐观，到无根据的厌恶和深深的悲观。在1980年代的大部分时间里，对中国“第二次革命”的信心有充满希望的描述；之后便对中国在1989年6月的“政治风波”后缺乏政治改革而表现出深深的敌意；近年来，又有对中国崛起会威胁超级大国地位的夸张预测。时不时地，西方政治家和观察家们有选择地用中国的成败来证明他们现存的理论和偏见。对于中国崛起背后的焦虑和收缩，正确的解读方法是，理解国内变革和国际前提之间的“共生”和“共灭”的辩证过程。这样的话，对中国及其兴起的全面理解便可形成。

参考文献

1. Bergmann, Theodor (1977) The Development Models of India, the Soviet Union and China, The Netherlands: Van Gorcum & Comp.

2. Bernstein, Richard and Munro, Ross (1997) The Coming Conflict with China. New York: Alfred A. Knopf.

3. Bottomore, Tom et al. (ed.) (1983) A Dictionary of Marxist Thought. London: Basil Blackwell Publisher.

4. Chase-Dunn, Christopher (1999) "Globalization: A World-Systems Perspective", Journal of World-Systems Research, 5(2): 165-185.

5. Chi, Wen-Shun (1986) Ideological Conflicts in Modern China. New Jersey: Transaction Books. Chow Gregory (1997) "Challenges of China's Economic System for Economic Theory", The American Economic Review, 87(2): 321-327

6. Dirlik, Arif and Meisner, Maurice (1989) "Politics, Scholarship, and Chinese Socialism", in Arif Dirlik and Maurice Meisner (eds), Marxism and the Chinese Experience. New York: M.E. Sharpe, Inc.

7. Dirlik, Arif (1989) The Origins of Chinese Communism. New York: Oxford University Press.

8. Elvin, Mark (1984) "Why China failed to create an endogenous industrial capitalism", Theory and Society, 13(3): 379-391.

9. Eckstein, Alexander (1977) China's Economic Revolution. London: Cambridge University Press.

10. Feffer, John (2007) "China the Indispensable?" Foreign Policy In Focus, March 9 (http://www.fpif.org/fpiftxt/4070).

11. Gregor, James A. (1995) Marxism, China, & Development: Reflections on Theory and Reality. London: Transaction Publishers.

12. Gries, Peter Hays (2005) "Chinese Nationalism: Challenging the State?" Current History, 104(683): 251-256.

13. Han, Dongping (2008) The Unknown Cultural Revolution: Life and Change in a Chinese Village. New York: Monthly Review Press.

14. Hart-Landsberg, Martin and Burkett, Paul (2004) China and Socialism: Market Reforms and Class Struggle. New York: Monthly Review Press.

15. He, Di (1994) "The Most Respected Enemy: Mao Zedong's Perception of the United States", The China Quarterly (137), 144-158.

16. He, Qinglian (2000) "China's Listing Social Structure", New Left Review, 2(5): 69-99.

17. Hegel, Georg W.F. (1938) The Philosophy of History. Available at http://www.btinternet.com/~glynhughes/squashed/hegelhistory.htm.

18. Hersh, Jacques (1993) The USA and the Rise of East Asia Since 1945: Dilemmas of the Postwar International Political Economy. New York: St. Martin's Press, INC.

19. Hinton, William (1998) "The Importance of Land Reform in the Reconstruction of China", Monthly Review, July-August: 147-160.

20. Ikenberry, G. John (2008) "The Rise of China and the Future of the West", Foreign Affairs, 87(1): 23-37.

21. Kapur, Harish, ed.(1987) As China Sees the World. London: Frances Pinter Publisher.

22. Kung, Chungwu (1975) "Cultural Revolution in Modern Chinese History", in Victor Nee. and James Peck (eds), China's Uninterrupted Revolution from 1840 to the Present. New York: Random House.

23. Li, Mingqi (2005) "The Rise of China and the Demise of the Capitalist World-Economy: Exploring the Historical Possibilities in the 21st Century", Science & Society, 69(3): 420-448.

24. Li, Minqi (2008) The Rise of China and The Demise of The Capitalist World Econmy. New York: Pluto Press.

25. Li, Xing (2001) "The Chinese Cultural Revolution Revisited", The China Review, 1(1): 137-165.

26. Li, Xing (2007a) "Conceptualizing East Asian Regionalism: From Japan-led 'flying-geese' to China-driven Integration", CCIS Working Paper series No.3 by the Centre for Comparative Integration Studies, Department of History, International and Social Studies, Aalborg University, Denmark.

27. Li, Xing (2007b) "Paradigm Shift: From 'Washington Consensus' to 'Beijing Consensus'", in Kwesi K. Prah (ed) Afro-Chinese Relations, Past, Present and Future. Cape Town: The Centre for Advanced Studies of African Society

(CASAS).

28. Li, Xing (2009) "Why Is the Chinese Communist Party Able to Survive in an Era of Great Transformation?" Kritisk Debat 45.

29. Lippit, Victor D. (1980) "Development of Underdevelopment in China", in Philip C.C. Huang (ed.) Development of Underdevelopment in China. New York: M.E. Sharpe.

30. Liu, Xuecheng (2006) "China's Energy Security and Its Grand Strategy", Policy Analysis Brief, The Stanley Foundation.

31. Ma, Shuyun (1994) "The Chinese Discouse on Civil Society", The China Quarterly, 137: 180-193.

32. Mearsheimer, John (2001) Tragedy Of Great Power Politics. New York: W.W. Norton Company, INC.

33. Mearsheimer, John (2006) "China's Unmerciful Rise", Current History 105(690): 160-162.

34. Meisner, Maurice (1997) "The Other China", Current History, 96(611): 264-273.

35. Meisner, Maurice (1999) "China's Communist Revolution: A Half-century Perspective", Current History, 98(629): 243-248.

36. Moulder, Frances V. (1977) Japan, China and the Modern World Economy. Cambridge: Cambridge University Press.

37. Nye, Joseph S. (2005) "The Rise of China's Soft Power", The Wall Street Journal Asia, 29 December. Paltiel, Jeremy (2005) "The Rise of China as a Challenge to International Relations Theory", paper presented at the annual meeting of the International Studies Association, Hilton Hawaiian Village, Honolulu,Hawaii, March 5. (http://www.allacademic.com/meta/p70638_index.html)

38. Peck, James (1975) "Revolution Versus Modernization and Revisionism: A Two-Front Struggle", in Victor Nee and James Peck (eds), China's Uninterrupted Revolution from 1840 to the Present. New York: Random House.

39. Putterman, Louis (1997) "On the Past and Future of China's Township and Village-Owned Enterprises", World Development, 10: 1639-1555.

40. Qin, Yaqing (2007) “Why Is There No Chinese International Relations Theory?”International Relations of the Asia-Pacific, 7(3): 313-340.

41. Ramo, Joshua Cooper (2004) The Beijing Consensus. London: the Foreign Policy Centre.

42. Sausmikat, Nora (2006) “More Legitimacy for One-Party Rule? The CCP’s Ideological Adjustments and Intra-Party Reforms”, ASIEN 99: 70-91.

43. Schwarz, Benjamin (1996) “Why America Thinks It Has to Run the World”, The Atlantic Monthly, 277(6): 92-102.

44. Selden, Mark (1983) “The Logic – and Limits – of Chinese Socialist Development”, World Devleopment, 11(8): 631-637.

45. Shirk, Susan L. (2008) China: Fragile Superpower. New York: Oxford University Press.

46. So, Alvin Y and Stephen W. K. Chiu (1995): East Asia and the World Economy. California: SAGE Publications.

47. Tan, Chung (1996) “Towards a Holistic Understanding of Chinese History”, China Report, 32(3): 233-249.

48. Thomson, James C. (1992) “Americans and The ‘Loss’ Of China”, in Mark Borthwick (ed) Pacific Century: The Emergence of Modern Pacific Asia. Boulder, Colo: Westview Press.

49. Unger, Jonathan (1994) “‘Rich man, poor man’: the making of new classes in the countryside”, in David S. G. Goodman and Beverley Hooper (1994) China’s Quiet Revolution. Melbourne: Longman Cheshire Pty Ltd.

50. Weil, Robert (1996) Red Cat, White Cat: China and the contradictions of “market Socialism”. New York: Monthly Review Press.

51. Weisskopf, Thomas E. (1980) “The Relevance of The Chinese Experience For Third World Economic Development”, Theory and Society, 9(2): 283-318.

52. White, Gordon (1982) “Why Did China Fail to Follow the Japanese Road?” in Manfred Bienefeld and Martin Godfrey (eds), The Struggle for Development, National Strategies in an International Context. New York: John Wiley & Sons Limited.

53. White, Gordan (1994) "Prospects For Civil Society: A Case Study Of Xiaoshan City", in David S.G. Goodman and Beverley Hooper (1994) China's Quiet Revolution. Melbourne: Longman Cheshire Pty Lid.

54. Wittfogel, Karl (1957) Oriental Despotism: A Comparative Study of Total Power. New Haven: Yale University Press.

55. World Bank (1996) From Plan to Market: World Development Report. New York:Oxford University Press.

56. Xu, Qinhua (2007) "China's Energy Diplomacy and its Implications for Global Energy Security", FES Briefing Paper 13, Friedrich-Ebert-Stiftung, Berlin, Germany.

57. Zhang, Wenmu (2006) "Sea Power and China's Strategic Choices", China Security Summer: 17-31.

第7章　中国的全球化：国家战略与社会稳定

1. 导　论

在很大程度上，中国是全球化最大的赢家。它是许多国外投资的最终目的地，它生产的产品销往世界各地。中国的对外开放促进了它的全球化趋势，在这个进程中，中国人的物质和精神生活得到了根本性转变。在20世纪70年代，北京居民星期天的消遣之一是站在北京饭店外面，瞥一眼外国人，如果一个外国人在小城镇沿街散步，可能引发严重的交通堵塞。在商店仅允许销售中国货，西方的文化产品只有被当做资本主义剥削的展品才被允许出现。这在今天几乎是不可想象的。国外设计的服装、音乐和电子产品遍及中国的各个角落。在上海和广州街头的DVD摊位上，可以买到在美国都很少见的好莱坞大片。出租车司机可以说出米兰和巴塞罗那俱乐部所有球星的名字。数百万的中国人作为学生、商人、游客去过国外，近50万左右的外国人定居在中国。这一切变化仅发生在短短的30年内，中国变成了全球化变革最有力的象征。在中国，全球化不仅是新自由主义者谈论的流行语，更是一个活生生的现实。

在这一章，我们将要考察中国如何应对全球化挑战。首先，我们讨论中国的一系列全球化战略，揭示它们的本质特征或不同特点，解释中国应对全球化的优势。我们考察了中国应对全球化的政治规划过程，概括了七个方面的国家战略，几乎触及了中国内外政策的所有方面。中国全球化进程中出现了大量的问题和风险，一些问题源自中国的发展中国家身份。在经历了数十年的高速经济增长之后，在5年前提出了被称为“和谐社会”的政策以求获得社会平衡。这让人们想起了美国在20世纪30年代的罗斯福“新政”。

在深刻理解中国成功参与全球化进程的基础上，我们具体分析中国国家战略中大量的制度化方法。接下来，我们考察中国的全球化立场及支持中国与世界整合的全球化观点，但同时强调需要强大的国家保护国家利益。最后，我们讨论了中国政策的目标是使执政党的地位更加稳固。企业家、知识分子、工人和农民都受到了经济改革和全球化不同方式的影响，中国共产党变成了可以容纳不断涌现的各方面精英的一个政治机制。

通过分析，我们得出四个总体性的结论。“有竞争力国家”理论强调国家的主要目标是促进经济的快速增长和提高国家的经济竞争力。分析的焦点集中于在邓小平时代努力通过结构性改革创造一个适于经济增长的环境。正如其他东亚国家一样，无论是国家组织机构的设置和能力，还是国家在经济和社会中的地位，“发展中国家”概念都意味着国家的强势角色及其主导的环境。在广泛的支持多边主义和与美国建立共生的经济关系政策中，体现了中国战略中对美国实施软制衡的努力。最后，我们观察到从全球化中充分获益与维护国家传统主权间的巨大矛盾。这些解释并不能涵盖中国的全部行为，当人们解释中国的实用主义和对让渡主权的意愿不断增加时，下面的分析提供了更详细的解释。

2. 中国的全球化战略

在富饶的云南省，生产鲜花的花农们把情人节等其他西方节日登记在日历上。因为出口市场波动起伏，几年前他们从北京请来了一位专家，以帮助自己更好理解全球化。这位专家就是俞可平，著名的全球化捍卫者。毫无疑问，在他的帮助下，云南的竞争力得到了提高。如今，竞争力已经成为了国家生存和成功的评判标准，政治也越来越关注如何为经济增长创造条件。实现经济增长的方式有很多，但中国似乎已经拥有了将全球化带来的巨大压力转化为实力的独特能力。这是通过一整套国家战略实现的，在过去十五年体现得尤为明显，尽管这些战略早在此之前就已经施行。

战略既对内也对外。对外战略强调国际组织、多边主义以及显著的贸易自由化。除此之外，中国主动邀请外国投资者进入，同时大力推动国内企业走向世界，并力图打造中国的强大跨国品牌。在东亚地区，作为东亚的“主帆”，中国同样扮演了重要角色，或者一旦需要，成为“救生艇”。就国内情况而言，中国完成了从列宁主义式的国家机器到现代法治国家的转变，同时也使全球化的核心领域之一的国际金融，转变为中国发展的动力而非威胁。工人阶级失去了特权，而新兴私有经济的精英却被准许加入共产党。

有意思的是，如果我们回到过去，直到20世纪90年代初期，“全球化”一词还仅仅用于形容资本主义国家的发展趋势，从未与中国自身有关。到了1993年，学者们才停止使用“国际化”，而转用“全球化”来描述中国经济的变化。

3. 国家主动迎接全球化挑战

引人注目的是，中国很早便开始了参与全球化的努力。随着邓小平提出改革开放政策，中国的全球化早在20世纪80年代初期就开始了，甚至在一些重要领域早于某些全球经济体。虽然这被称作“虚拟的全球化”，但是却显示了中国推动全球化的明显意愿，即使没有西方经济体强迫进行的全球化压力，中国也起步飞速。

具有讽刺意味的是，“文化大革命”（1966—1976年）可能是中国早期全球化的重要原因。经历了“自力更生”、切断了与世界联系的十年后，中国不得不反思。体会到与国际技术发展脱节意味着什么。十年动乱消除了大多数既得利益者，使得党和国家前所未有的虚弱。其中很多阻止国家走向世界的既得利益者已经不在了。政府干部极其正派，邓小平派往各种新智囊中的顾问也能做到不偏不倚。观念变的远比物质条件更加重要。一个重要的认识是国际体系中的主要斗争不再是军事，而是经济。就中国而言，全球化进程也伴随着国家的现代化进程，中国共产党看到了现代国家的部分特征。不管怎样，国际经济的全球分工是邓小平大胆经济改革的中心。

中国全球化的另一个特点是试图在事前，主动的、有选择的调整全球化战略。因为智库和顾问们主要研究全球化本质的复杂性，而非研究支持还是反对全球化，使得这尤其可能成为事实。主流认识是把全球化视为是一个客观事实和人类发展不可避免的趋势。他们把全球化看作是进程，而不是状态，在全面分析威胁和机遇的基础上，认为人们能够影响它的发展。自上而下组织严密的制度，现代化且拥有领导能力的政党，为高效决策和政策的长期性和连贯性提供了可能性。这套体系保障了专家学者投入的优先，使得每次规划政策时能够做到普遍的专业化、专门化。

中国模式的第三个明显的特点是国家的中心角色。领导阶层能够保持内外政策必要的独立性，提高了国家在正确的时机、运用正确的程序、采取多层次战略的能力，以便争取全球化最有利的一面，将不利的一面降至最低。随着市场改革的持续加速，经济的不断发展，国家必须努力控制局面。这可以部分解释为什么单一政党国家，在历史上和现实中都力图保持领导权的垄断，并紧紧抓住如任命和调换全国大批官员人事不放，尽管同时也有些人想要改变国家。总体上政府干预减少，但是在一些争议领域国家依然扮演着积极角色，增强自身实力以便肩负起全球市场给国家带来的众多新任务。

4. 战略从何而来、如何谋划?

中国的全球化战略有助于我们理解复杂的国家机制相互作用的主要特点。全球化进程从外部影响了国家体制：可能是来自国际市场的压力或是在特定领域的保护主义贸易机制——类似纺织领域的前《多种纤维协定》一类的国际力量，也可能是来自其他政府采取某些政策所带来的压力，比如WTO与中国的谈判就成为了美国推动贸易自由化的手段。这些外部刺激强行进入充斥着中国惯例的环境，在某种程度上是历史性的进步。不同党派、不同政府机构之间的各种规则是政策制定的内部环境。社会契约或历史妥协存在于任何时候：无论是毛泽东时代的“低工资，广就业”，邓小平时代的“发展才是硬道理”，还是胡锦涛温家宝提出的“和谐社会”——强调广泛意义上的稳定，包括对改革和全球化进程中的失败者进行补偿。

得意者和失意者存在于经济各个领域，无论是公司和生产部门，还是在三十多个省份中。赢家结成同盟，以支持更进一步的全球化战略。这些战略由赢家和输家的相对实力决定，而同盟内部能否一致行动也不能确定。游说和利益集团是中国的新兴现象，但是发展迅速。国内市场一体化的重要参与者，首先是各种各样的国家官僚机构，同时还有大型公司、商业协会甚至非政府组织。比如在人民币汇率问题上，如美国商会在北京的分支机构等外国或跨国利益集团及外国政府都会偶尔向中国政府施加压力。在这些角色之中，中心决策者的偏好和才智非常重要，尽管决策形式越来越偏向集体决策。在最终的决策中，中心决策者的决定取决于一些更广泛的群体，而不是一个选举人，可能是一个五百人的“代表选举团”。这些选举代表在中央或全国身居要职，以一种“隐性兼职”的方式代表部门和地区利益。这些小型的领导人核心集团，与全球银行或跨国公司的选举差不多，但他们的观念、教育背景和经历是重要的影响因素。

全球化观念的影响不仅体现在决策者和智囊机构之中。这些观念持续的传入中国，其影响体现在与全球传媒业日益的整合之中，也体现在中国受国际组织的影响而日渐融入国际社会之中。另外，中国也尝试在其全球化战略中确立自身的话语权，比如美国或欧盟在金融危机影响下采取保护主义政策时，中国坚决提倡自由贸易。全球化影响了中国，中国也影响了全球化。在它作为第三股全球力量时，这一点表现的尤为明显。

5. 中国的七个全球化战略

中国提出了哪些全球化战略，它们是如何实践的？中国至少有七种战略，这些战略旨在利用全球化推进现代化，并受到大力支持。全球化是市场经济和现代商业、金融、管理体系的先决条件，这一点已经达成了广泛共识。

5.1 全面参与国际组织和对外贸易自由化

1980年改革开放刚刚起步，邓小平就做出惊人之举。他使中国申请加入全球资本主义的神圣殿堂：世界银行和国际货币基金组织。从几乎与世隔绝到事实上全面参与国际组织的快速转变，就中国较低的水平发展而言，这只是它的前奏。中国与世界银行华盛顿总部交换员工，成为世界银行最大的发展援助受援国。中国也是一系列比较报告的主题，这些报告帮助改善了中国制度、影响中国人的观念、转换了中国领导层的资源。同时，中国通过参与1000多个国际机制和国际组织，可以对国际事务施加影响。但是这要求中国对国内法律进行修改，以适应国际机制，比如中国加入WTO后，WTO要求在2002年，中国修改2300条国家法律法规和上千条的省级法律法规。中国承受了巨大痛苦，签署了包括安全、贸易、环境、人权在内的一连串协议。1977年，中国仅有71个非政府组织，1997年数量增加到1163个。尽管正式改变和承诺中间有一段距离，但是毫无疑问，多边主义已成为中国外交政策的中心部分。

改革开放的目标就是成为具有全球竞争力的国家，并参与到技术开发与应用的国际行列中。这意味着全面的贸易自由化，而非强大的国家贸易公司垄断，只有如此才能做到对外贸易的开放和私有化。但是自由化也意味着中国必须在20世纪90年代，单方面地大副降低关税，必须在历经14年谈判后接受美国要求的世界贸易组织条款。中国现在是第三大贸易国，资金储备超过两万亿美元。根据国际货币基金组织的统计，2007年中国已成为对世界经济增长贡献最大的国家，贡献率达到了27%。不断上升的资金储备使中国有能力购买美国国库券和其他债券，成为过度消费的美国的债主。值得注意的是，现在中国已经成为了最大的日用品生产国，就如1850年到1900年的大英帝国、1900年到1960年的美国和1960年到1990年的日本一样。

5.2 热烈欢迎外国投资

海外华人首先发现了中国新兴而特别的经济区里，存在大量廉价而高质的劳动力。在中国的特区里，外国投资者被赋予了很多特权。特区战略成功后，政府规定特区的数量成倍增加，到1993年已经有8000个经济区了。它们像一块块磁铁一样，也吸引着计划走向国际和获得技术优势的中国公司。甚至有中国资金出国后再非法迂回进入国内以获取有利待遇。很多乡县和超过一百万座城市都竞相创造最佳的投资环境。这场竞争涉及许多方面：税收、基础设施、减免官方文件、配套服务、减少环境要求，等等。即使中央在一处禁止外资，资金也会迅速找到其他地方。但是潜在的“触底竞争”危险可能会损害环境和工人健康。

但是这个战略为中国带来了巨大的优势。中国最初的设想是吸引有技术的投资者，希望这种合作关系和逐渐产生的扩散效应能够使中国融入国际技术发展的浪潮。这个设想非常成功。20世纪90年代，外国投资者数量不断增长，2001年中国成为投资者的第一目标国。世界500强跨国公司中的400家都在中国设立代表处，还有50万家中国企业享有不同程度的外国投资。由于中国市场规模较大，国家作用明显，外资进入市场后不需要周旋于多个敌对的利益政党之间，中国政府得以保持相对强势的议价地位。

现在，中国在东亚很多生产链中扮演着“整合者”的角色。但尤其需要注意的是，中国需要撤出劳动者密集的制造业而转向高科技领域，因为在前一个领域中，其他国家能够迅速赶上。人们把工厂倒闭浪潮归因于美国引发的金融危机和由此带来的经济衰退，但是规模小、技术低的企业无法适应保护劳动者安全和环境的新规定，因此倒闭浪潮的真实原因是工业领域的淘汰和整合。吸引知识技术密集投资需要政权稳固和政策稳定。对长期投资者来说，中国既稳定又可预测。不能忽略的是，现在外资在中国固定投资中仅占不到10%，并且中国的出口依赖远远低于全球平均水平。

5.3 加强国家宏观调控

用小艇的舵是难以驾驭一艘航空母舰的。这就是邓小平为了使自己的改革赢得政治支持，将中央权力分散到各省后所面临的处境。一方面，这种分权使船舵变得更小。另一方面，改革成功后经济的快速增长，使船变得更大。因此为了保证国家秩序，掌控全球化进程，一些权力必须重新被集中。中国进行了大量的财政改革，给予了中央分享更多税收的权利，这为宏观经济管理奠定了更好的基础。央行的重大改革使它脱离了各省的干涉，能够掌控货币政策和有效控制问题突出的金融部门。濒临破产的国有企业也进行了结构性改革，它们之中的三分之二被关闭，4500万职工被解雇。最后，在20世纪90年代，许多必要的市场经济调节部门——包括专利、版权、标签、环境、标准、颁发质量许可证、消费者权益维护等部门急剧扩张。与此同时，其他部门规模大幅缩小，中央机构规模差不多只保留一半。私有化和减少政府职能缩小了政府规模。充斥着计划经济机构的旧式列宁主义国家，转变成了一个适合市场调控的国家，但国家依旧掌控应对全球化挑战的强大权力。

要在全球化汹涌的海洋中生存，国家需要平衡而独立的中央领导，以便掌握宏观经济管理权。中国有几千年中央集权的历史，但是在1998年，它作为一个现代法治国家重塑了自我，为经济提供了独立框架。过去，中国的最高机构包括财政部、央行和两个高度授权的中央协调委员会——国家经济贸易委员会和国家发展计划委员会。随后，中国增加了一个新的机构：国家发展和改革委员会。至今它已经成为了最重要的政策机构。在一些领域国家力量受到削弱，在另外一些领域力量得到加强，国家因此在全球化进程中得到整合。它借国际压力推动了自身转型和进行现代化建设，这使得政策制定者能够更加容易地调整国家体制，以便对市场进行保护、构建和指导。

5.4 警惕金融和外汇领域的风险

我们可以把中国对国际金融体制的参与比作小船出海。这样就产生了两个问题：天气怎样，船质量如何？天气很可能不好，因为当今的投机资金极不稳定。船体也难以与世界领先金融公司相提并论。中国的银行产生于过去政治性的定向借贷，现在还处于风险管理和利润导向的学习阶段。尽管现代银行部门加速建立，但是旧有不良贷款并未完全消除。世贸组织规定2006年年底中国市场应对国际银行巨头开放，花旗集团、德意志银行、瑞穗集团都已经表示将打入发展中国家的金融市场。金融体系改革能否避免中国在这些激烈的旋涡中被“接管”或遭遇沉没依然有待观察。但是，目前的金融危机给予了中国更多时间。

在危机期间，很多国际言论都认为人民币应该取代美元成为储备货币。然而这只是一相情愿的看法，人民币要成为储备货币依然有很长的路要走。由于金融体系脆弱，人民币体制对就业率的极大影响，以及短期投机资金对市场不安定构成的威胁，中国在改变人民币汇率体制问题上极为谨慎。但坚定与美元挂钩10年之后，中国的国际收支平衡账户已可自由兑换，中国开始通过购买一篮子的不同货币，并逐渐升值以对抗美元。过去三年内，人民币升值超过20%。中国必须一步一步慢慢来，因为它缺少汇率自由浮动的许多条件，比如风险管理能力，发达的利率市场，以及对冲买卖所需的工具和市场。中国在1990年到1991年间进行了第一次汇兑，那时股票市场既落后又混乱。但是有上海和香港两个金融中心后，事情就很不一样了——资金控制松散了。尽管仍处于不断发展演化和复杂的学习阶段，外汇领域是一国全球化战略的重要领域。

5.5 极力关注人力资源问题

整体来说，舆论很支持全球化，这一点稍后会具体阐述。其中一个原因是教育、网络、出国留学和旅游强化了人们的国际姿态。另一个原因可能是3500万的海外华人散居世界各地。他们与国内家人保持联系，政党和政府组建了组织以接触这些基层民众，吸引这些海外华人并努力赢得他们的财政商务支持。正是这些海外华人的存在，以及他们与祖国的相互联系，创造了中国与世界更多的相同点，使中国拥有了一种更加世界性的姿态，产生了周围世界可以为其发展作出积极贡献的期望。与中国相比，海外日裔数量少得多。在网络普及和全球化到来之前，日本的文化充满种族优越感，但在此之后它已经很难保持这种优越感了。

对劳工阶层来说，改革在很大程度上意味着失去了大量特权。然而这也可以视为是全球化战略之一。1982年，宪法中的罢工权被废除。1994年劳动法颁布，中国第一次准许解雇工人，工人在政治事务中的重要性被削弱了。另外，过去社会主义体制下的单位就是一个小型福利国家，公社负责给人民提供社会和健康保障。但现在这些都已经不复存在。很长一段时间以来，福利体系、独立法庭、集体交易等新的制度基础并没有出现。只是在最近五年，这些领域才有所进展。

5.6 全球化中的地区主义战略：谨慎推进

地区合作可以防止一些全球化的消极方面。它为有效的管理和制度建立提供了可能。它可以强化参与国在国际体系规则的国际多边谈判机制中的地位。它是全球化中不可或缺的一部分，并且在某些情况下，比如一旦工业化国家采取的保护主义政策使全球化土崩瓦解，它也可以成为全球化的替代品。

出于各种各样的原因，从20世纪90年代起，中国决策者对亚洲多边合作越来越有兴趣。1997年亚洲金融危机也推动了中国加入多边合作的进程。与欧洲和北美相比，东亚还处于“无组织”状态。过去，中国采用自由贸易协议作为提升合作的最简便方式。从香港开始，中国的“层叠式”战略逐渐包围整个东亚地区。自由贸易协议是建立在贸易自由化战略的基础上，这反过来又扩展了贸易自由化。迄今为止，它的顶点是2010年生效的“泛亚贸易协定”。此协定不仅催生了世界上最大的自由贸易区，同时也包含了军事交流、流行病预警等方面的协定，尤为特殊的还有协议国间的基础设施建设项目。协议签署国主要是中国和东盟国家。在中国政府机构中，农业和农业部门并非不重要，但是中国能够推进自由贸易政策。如果是在一个民主国家里，占国民比例超过60%的农民会阻止进口农产品的关税减免。至今，日本夸张的农业政治影响力仍然阻止它在亚洲提出类似的自由贸易倡议。

5.7 培育中国自己的跨国公司

中国最大的国有企业之一首钢，于1993年花费1.2亿美元购买了秘鲁的马科纳铁矿。到目前为止，这种购买模式已经非常成熟。颇有先见之明的首钢，在那之后甚至还想购买油井和食品产业。16年之后的今天，中国对这种“走出去”的战略非常积极，努力寻找像石油、矿产和食品，技术和管理创新之类的市场和资源。通过购买像西门子、莱兰、飞利浦、IBM、阿尔卡特等跨国公司的某些部门，或者购买像沃尔沃这样的整个公司，中国努力使自己的企业国际化、品牌化，在国际产业链中崛起。迄今为止，中国主要的跨国公司都是大型国有企业和强大的联营企业，但是最近中国的一家主权财富基金公司，投资了数千亿美元，成为世界第五大跨国并购公司。2008年，其并购额达到1200亿美元，远远超过印度的210亿美元和俄罗斯的140亿美元。

日本自20世纪70年代开始就成功组建了一支强大的公司国家队。30年后，到20世纪80年代末，日企在福布斯500强跨国公司前100名中占到了20名。中国尝试组织起一支包含30到50家最好国有企业的队伍，但是15年后的现在，仍然任重道远。成功未至的原因可能在于高收入国家，特别是美国。由于20世纪90年代多起并购，巨型寡头出现，使得少数公司每个部门都拥有了巨大的市场份额，因此主宰全球网络。比起10年前，发展中国家的公司面临更严峻的竞争。

6. 现阶段中国不能做什么

中国不能做的事有很多。为了加入世贸组织，中国几乎放弃了过去200多年来一系列国家为培育大型企业所采取的工业政策的核心工具，比如为保护幼稚产业而采取的调整税率、配额和出口补贴。生产者直接暴露在国际市场力量下当然也是一个应对全球化的战略。它与新重商主义相反，是中国现在抛出的扩大市场和管理反常现象政策。

但这并非意味工业政策和国家发展战略永远被排除在外。新成立的国家发展和改革委员会开始扮演类似于宏观调控和倡议改革关键机构的角色，而这是中国一直所欠缺的。可以说，发改委就是中国这艘巨舰的舵手。经历从计划经济到市场经济的十年转变后，国家力量再次建立起来，中央收入开始上升。这开启了在WTO框架内有选择性的产业政策，比如保证研发能力，或是防止跨国公司不受阻碍的渗入中国经济。但当前，中国还面临着与跨国巨头的技术和市场份额交易谈判陷入停滞的困境。

7. 直面挑战，谨慎推进

在全球化狂风暴雨的海洋中航行，问题和危险遍布。即使这样，也“必须航行”。俞可平提出了中国参与全球化在政治方面面临的三个主要消极影响：第一,一旦外资控制了关键领域，外债过于庞大，金融领域被削弱，国家将面临经济安全的威胁；第二，国家主权被削弱，继续独立调整和实施全球化战略的绝对能力也被削弱；第三，政治价值观和文化陷入危险境地。因此必须支持传统文化价值观，同时警惕全球化中特别是美国因素的进口，中国必须“杜绝不加鉴别的采用西方政治制度和核心政治价值观”。

参与全球化，中国内部的社会经济秩序也面临众多挑战。这里讨论摆在改革者和领导人面前众多问题中的四个：

1. 中国国内市场依然太小，导致比如中国依赖美国经济状况等问题，市场增长过慢，社会保障网络的缺乏导致存款率过高。

2. GDP至上主义和全球化导致的畸形发展模式使中国贫富分化严重——收入差距从1984年开始持续增长，直到最近才稳定下来。中国采取的是一种类似于20世纪30年代罗斯福“新政”的再分配政策。最近的第十七届党代会也肯定了这个政策。

3. 中国缺乏记账、会计和进一步发展法律体系的公共服务，因此国家支持其与国际接轨。近来出台的一项政策将地方法院控制工资的能力移到了中央层次。这移除了地方政府对地方法院的有力控制，增加了其独立性。

4. 中国仍需改变处于国际分工最低端的现状。这种状况持续下去资源环境将受到极大影响，况且世界上不只中国拥有大量的劳动力。中国要想进入全球生产链中附加值更高的领域，需要进行大量研发活动和科技创新，同时需要改革现在仍旧死气沉沉的教育体制。中国自身的发展已使其走到了越来越多的科学领域前沿。

8. 新政策：结构改革和可持续发展

从2003年起，在“和谐社会”的理念下，中国开始致力于修正邓小平“经济发展优先”战略实施25年来所带来的弊端。在经过改革开放初期盲目的快速发展之后，中国政府提出了补偿失利者的政策大体如下：

1. 更有质量、更均衡的发展。

2. 城乡之间和地区之间的发展应该更平衡。

3. 生态和资源使用需要可持续发展，即采用废物回收和能源节约等措施。

4. 全力关注技术创新，并且注重独立技术更新。

5. 和谐社会：管理透明、社会公平。

以三个领域的问题为例：土地和农业政策、社会安全、污染控制。

农村政策和土地问题是胡锦涛主席和温家宝总理领导下政府的主要关注点。第一项行动是从2005年1月1日起取消征收农业税，以减轻农民税收负担。增加87%的卫生预算，为64万村庄建立卫生所也是政策实施的一部分。第一阶段在2010年结束，三分之一的村子建立了卫生所。免费的九年义务制教育覆盖了60%的农村人口，并且会在接下来几年中覆盖农村所有人口。从2002年开始，国家支持建立的合作医疗保险工作陆续开始。尽管进展缓慢且代价昂贵，但是这是中国历史上第一次政府预算网络资源从城镇流向农村。土地政策是一个充满争议的问题，当地政府的私自土地处理骗取了本该属于农民的钱财。无论何时城市都要扩张，当地政府都想吸引投资。2008年中国通过立法保证了土地集体售卖可以直接进行，并可回避当地政府的管辖，确保了农民能够得到充分补偿。这样就消除了农村暴力抗议的频率最高的因素，同时提高了农民的收入，增加了他们的购买力，刺激了内需。另外，一个监督土地交易的新机构诞生了，并且合情合理的拥有9个地区办事处，它接受北京的直接管理，且高于30多个省份政府，以保证它避免地方政府的压力与考虑。这一套新规定为农民工提供了更好的条件，一个更透明的农村投资和金融体系，一个统一的、更少歧视的城镇和乡村劳动力市场。

建立一个新的社会保障体系是一项巨大的工程，不过现在正在一点点实施。所有的城市都开展了“低保”项目，提供最低限度的社会福利。这把陷入困境的人们的月收入提高到了城市收入平均水平的20%。如果不够低保资格，也有其他补贴可以选择，像退休金、再教育补贴、保险、老年补贴和其他形式的养老金。未来四年内，中国将通过“低保”、卫生服务、城乡居民养老金，奠定现代社会福利体系的基础。政府宣称的目标是在2049年达到完全的福利社会。尽管花费巨大，但是目前国家收入飞速上升，中国的花费占GDP的份额与国际相比依然处于较低水平，改革进行得非常缓慢。不过中国也可以向现有的如北欧等福利国家的经验学习。

污染控制力提升。环境立法不是问题，当地政府的实施才是问题。2007年中央政府在污染监控上的花费增加了61%，但是更为重要的是，中央将官员表现与环境、能源问题联系起来，作为官员考评晋级的基础。在此之后，环境考量才与就业、增长等问题一样被给予了同等重视。监测手段的日渐自动化与中央控制化，减少了通过贿赂获得违反环境法豁免的可能性。在生产环节过度浪费、对环境不采取保护措施的小公司被逐步淘汰。

这些政策的很大一部分属于第三波结构改革。20世纪80年代第一波改革准许外国人进入中国，90年代的第二波改革实现了企业从国有制到私有制的转变，目前的政策为更大型企业的发展奠定了坚实基础。低端产品生产者必须遵守环境法和保障工人健康法。结果导致很多企业倒闭。在2008年中期的经济危机开始后，倒闭的就更多了。中国期望失业工人进入正在扩张的服务领域，但是40%的组装产业出口都来自广东省，这部分工人难以被轻易吸收，因此没有经过重新培训的2000万农民工就不得不返回乡下。

矛盾的是，一方面中国为过去20年发展中国家减少贫困的贡献率达到75%；另一方面，它的不平等现象越来越接近美国。国家财富越来越集中在少数人手中。这使得经济成就在很大程度上失真，具体表现为：

1. 个人消费不到GDP的40%。

2. 过度消费奢侈的公共建筑。

3. 过多投资用于建造奢侈房屋，很少投资用于改善低收入者的处境。

4. 公司倾向于采用投资行为，为公司所有者和股东创造收益。

5. 过多投资用于给富人建造房屋。

政府有许多应对措施：社会体制，为农村提供更多医疗设施和免费教育以减小储蓄需要；更多基础设施和农业价格补贴；为农村家庭购买电子产品和家用电器提供了达9200亿人民币之多的资金；中央对重要国有企业和地方政府的重要投资决定进行更多控制；扩大服务行业规模，预计在2015年达到经济比重的30%。但这些措施的能否有效执行依然面临很多不确定性：社会稳定能否延续，在世界大部分地区依然在经济衰退中挣扎时，中国能否继续扮演经济火车头的角色。

9. 中国对全球化的表述

为了更好地实施上述全球化战略，中国政府彻底颠覆了宣传机构关于中国与外部世界关系的描述。毛泽东时代的口号是自力更生，他认为世界美苏两个霸权国家都对中国怀有敌意。而邓小平经济发展战略中的关键因素是吸引国外技术和投资，这需要从一个更加积极的角度来看待中国与资本主义世界的关系。

“改革开放”口号的提出，是个重要的转折点。这个口号清晰表明了中国将在改革进程中，对世界采取开放政策。邓小平对质疑者说，对西方开放绝不意味着屈服。他做了一个形象的比喻，把当时的中国比作空气不流通的房子，不能因为害怕苍蝇飞进来，就不开窗透气[①]。

这幅景象反映了中国辩论的一个经常性主题：全球化是仅仅关于经济技术互动的加强，还是政治和文化的“苍蝇”会随着中国卷入全球资本主义的浪潮而进入国内。改革初期在中国沿海设立的经济特区，形象地反映了既想利用国际力量促进经济发展，又想封闭限制它的早期设想。

“全球化”这个词暗示了一个国界线不那么分明的世界，所以在将近10年里中国官方媒体都只将这个词用于描述中国之外的事件。《人民日报》在1986年首先使用了这个词，但是在接下来的10年中，几乎再也没有使用过，即使使用也是与国外跨国企业在全球金融市场面临的危机相联系。“全球化”这个词造出来似乎专门为了形容“外部”发生的事件，与中国并无多大关系。[②]然而，大概从1996年开始，《人民日报》越来越多的谈到了中国作为全球经济的一员，引导读者认同这种融入对中国和世界都是有利的。1996年，《人民日报》刊登了一篇权威讲话，作者是后来成为了国家经济体制改革委员会主任和中共中央政治局委员的李铁映。李铁映在文中阐述了，作为生产低技术含量产品的国家和外国产品的目标市场，中国如何在国际分工中取得应有的地位。他的语气充满乐观和积极：中国的发展离不开世界，世界的发展也离不开中国。

当1997年亚洲金融危机开始时，中国媒体对全球化表现出了更谨慎的态度。从那时开始，全球化常常被描述为“一把双刃剑”，对中国和其他发展中国家来说充满无限机遇，但也可能导致缺乏竞争力的国家经济发展两极化、边缘化。也是在这个时候，《人民日报》开始坚持将全球化描述为一个客观事实，一次中国必须加入的历史大潮。富国创造了这个游戏，他们制定的规则并不总是公平，但是中国孤立是不可取的。全球化的消极方面通常被描述为所有发展中国家面临的常见情况。主要的危险在于只有富有的工业国家能获得好处，而发展中国家会陷入更加严重的贫困。在这种认识之下，中国把自

---

① 指20世纪70年代末改革开放前的中国。邓小平还曾经说过，“不管黑猫白猫，捉到老鼠就是好猫”，形象的暗示了中国要采取务实政策，要进行改革开放。

② 当时中国官方对全球化的争论，可以参见《人民日报》电子版（1946—2008）一些文章和评论。

己当做发展中世界的一员，忽略了发展中国家间争取外资和出口市场的内部竞争。

2001年在中国即将加入WTO之际，《人民日报》对全球化的报道达到了顶峰。加入WTO可能会给许多中国人带来消极影响，尤其是农民，他们已经预见到参与国际市场竞争会面临诸多困难。面对众多的不确定，官方媒体投入极大的精力，努力使人们相信全球化是一股不可避免的历史潮流，中国必须以主动、开放的心态来迎接全球化。尽管这是一段危险的过程，但是作为世界上最强大、最能干的中国政府，可以成功地控制这个过程，掌控好跨国行为体。面对激烈的全球竞争，中国也的确需要这样一个强大的政府，引导中国平稳地走出全球资本主义的混乱局面。

在意识形态方面，为了使自己的全球战略和马克思主义结合在一起，中国共产党一再强调，目前中国的主要任务是发展生产力，而发展生产力的最好办法是吸引外国投资和技术。因此，不能将全球化视为资本主义的最终胜利，相反从长远来看，生产力的加速发展势必加剧资本主义的内部矛盾，使社会主义制度得以强化。

虽然看起来中国正在稳步融入世界资本主义，但是在经济领域以外的其他方面，全球化是不是会进一步发展，还有待观察。当《中国日报》提到政治全球化时，常常认为诸如美国以国际标准为借口干涉南斯拉夫、西方律师以全球化为理由主张超国家立法等行为，是资本主义国家试图把“全球化”概念当做促进西方利益的借口。这种行为，在中国看来是对国家主权原则的威胁，因而必须进行抵制。在文化领域，《人民日报》则更多地使用“多样化”而非“全球化”。文化多样性应当受到保护，而美国化和欧洲化的全球文化应当受到抵制，因此《人民日报》大力报道亚洲和非洲反对美国文化霸权的事件。

尽管中国的高层领导几乎都非常支持经济全球化，但社会科学家和知识分子的观点却存在分歧。从新自由主义者到马克思主义者，再到新儒家学派，几乎每个人都参与到这场争论之中。大部分西方学者讨论的焦点问题，也常在中国学术杂志和互联网上引起热议，比如说：全球化从根本上就是资本主义的全球化吗？全球化是否意味着美国化？发展中国家是否会在全球化的浪潮中被边缘化？全球化是否会加剧社会的分化？

学术上讨论的问题非常广泛，在这里不便详述[①]，但从整体来看，争论的阵营主要分为两个。其中一派是新自由主义。新自由主义积极支持中国加入世贸组织，他们认为入世可以促进经济繁荣，从长远来看，还可以带动中国的政治改革。争论的另一个阵营习惯性被称为"新左派"，他们更多关注社会不平等和文化道德缺失问题，认为这些问题是外国影响的结果。这个混杂的阵营包括认为全球化是帝国主义翻版的马克思主义者、支持社会和谐和传统中国价值观的儒家和其他的几个团体。这一阵营的大多数人支持强大政府和民主的缓慢过渡。

近期出现的一个非常有意思的趋势是中国更加坚定地融入文化全球化。中国人不认为中国是"文化壁垒"，反而主动宣传社会和谐、忠诚、家族关系等价值观是中国对世界文化作出的积极贡献。这些观点得到一些西方学者的认可，比如政治哲学家丹尼尔·比尔。为了推动中国文化"走出去"，中国政府还建立了许多孔子学院，以推广汉语和中国文化。到目前为止（2009年5月），中国的孔子学院已经遍布82个国家，多达328所。[②]

10. 中国全球化进程中的政府和社会

关于中国在全球化中角色的官方表述，都与一系列旨在加强执政党的政策联系在一起。中国共产党担心，市场经济改革和全球化对民族国家带来的挑战可能会削弱它对政治权力的掌控。但是到目前为止，这种担心似乎还没有必要，其中一个重要的原因是，一直以来共产党都能够不断重新定义自己的角色，通过一系列广泛的机制与不同的社会阶层和群体保持联系。

10.1 民营企业家

许多观察家认为，新兴的民营企业家阶层是中国共产党最大的潜在威胁。到2005年，民营企业创造了中国工业总产值的71.2%，并提供了大部分

① 争论的详细情况可以参阅：Yu, 2008; Knight, 2008; Bhattacharya, 2008; Garrett, 2001.的有关章节。

② 参见孔子学院的中心网址：www.chinese.cn。

的就业岗位。如果不小心对待这些新兴经济精英，他们可能会变成中国共产党强大的对手。共产党已经在这方面采取了一项措施，即吸收企业的管理和技术人员入党。这项措施起始于2002年共产党十六大江泽民提出的“三个代表”中的保护意识形态思想，和由此衍生出来的是针对中国发达地区大型企业经理的招募政策。在当代中国，成功的企业家是“最先进生产力”的代表，可在全国人民代表大会和政治协商会议中获得一席之地。在基层，政府也鼓励他们参选村干部一类的职位。尽管在一些地方，商业协会本质是自下而上的，代表和保护其成员的利益，但是，许多还是行使国家社团的职责，参与管理商界。

到目前为止，有明显的证据表明，共产党对民营企业所采取的这些措施都很成功。大卫·旺克向我们展示了政府官员和商人的关系网络是如何取代计划经济的传统程序。大卫发现这两个群体能通过创造“商业客户主义”的体制，找到利益交汇点，并达到一个稳定的平衡点。这些网络由个人关系支撑。在中国，相当一部分企业家在下海经商前都是政府官员，因此他们也常常与政府和党代表想法一致。

这也解释了为什么政府官员和商人的政治观点总是惊人地相似。一位多年研究这个问题的专家布鲁斯·迪克森，发现了一个明显的倾向：中国资本家强烈支持中国共产党，他们更愿意维护当前的政治体制，而不支持民主改革。在一些问题上，商人们甚至比共产党和政府更加保守，他们认为多党制极易带来政治混乱；如果人们的想法不统一，可能会导致社会动荡。共产党把经济精英跟政府紧紧捆绑在一起的政策，尽管导致了很大范围的偏袒、腐败和不透明等问题，但总体来说，这项政策到目前为止还是很成功的。

10.2 知识分子

共产党面临的另一个潜在的挑战是学者。一批经历过20世纪80年代改革开放的学者通常是亲西方的，对中国的政治体制持批评态度。他们的批评意见在80年代末达到了顶峰……但是，在1992年左右，共产党领导人摆脱了孤立主义者的被动，树立了中国不断融入世界的主要保障者的新形象。在中国，高学历者从改革开放中获益良多。他们可以到世界各地参加研讨会或者旅游，可以获得几乎所有国际现有信息。尽管包括互联网在内的媒体饱受指责，但这对懂外语的学者影响很有限。学术讨论也比一般的大众媒体更为开放，学者可以提出自己的批判意见。

许多学者参与到了全球网络中，只要他们不讨论特别敏感的政治问题，他们的生活和工作条件跟国外的同事相比就没什么根本的不同。同时，中国共产党努力把知识分子吸纳入党，从党员受教育程度不断增高可以看出到目前为止他们做得非常成功。

把知识分子收入水平大幅升高的因素纳入考虑后，就不难理解为什么他们要么对政治漠不关心，要么建议进行缓慢、渐进的政治改革了。当然也有个别知识分子不同，比如说那些维护弱势群体利益的维权律师。但是，作为一个群体，精英知识分子并不想成为政府的反对力量。通过积极应对全球化，中国共产党已经能在国际交流与开放活动中占据一席之地，它的全球战略也因此有力避免了东欧国家里知识分子政见不一的局面。

10.3 工人和农民

对中国工人来说，劳动力市场的改变意味着大量特权的消失。以前，国有企业的工人拥有终身雇佣的保障，享有住房、养老和医疗福利。但在改革开始后，他们失去了大部分的社会保障。早在1986年，终身雇佣制就被个人合同制所取代。从1995年开始，国有企业大规模裁员导致城镇地区失业率居高不下，而雇主又常常以全球竞争为借口，拒绝提高工人薪水、改善工人工作条件，对那1.7亿把中国变为“世界工厂”的外来务工人员来讲，情况更是如此。尽管一些学者保持乐观，但另一些学者坚持认为存在一场中国与其他发展中国家竞相为外国公司提供最便宜劳动力、最少花费的“触底竞争”的危险。

越来越多的中国工人也在国外遭遇了全球化。根据官方统计，2006年，有100万中国工人在外务工。尽管与中国总人口相比这只是一个不起眼的数字，也只占国际出国务工人员总数的大约百分之一，但是如果加上未计入统计的非法务工人员，这个数字会更大。中国加入世贸组织使中国出国务工人员人数剧增，许多县和省一级的政府也通过出口劳动力来解决失业问题。另外，随着越来越多的中国公司在国际范围内从事采矿和建筑行业，国际务工人员群体的数量势必继续增加。

尽管国内外工人的工作条件都很艰苦，但是不可否认，更开放的新劳动力市场向工人们提供了养活自己和提高家人生活标准的机会。也许这就是为什么工人们很少责怪全球化，很少抱怨政府的原因所在。与他们的一些谈话表明，大多数工人几乎都自然而然地接受全球市场经济规则，他们将劳动力市场的问题归咎到自己不够资格上。从这个意义上来讲，党和国家为工人做得太少，远不及为商界和知识分子精英做得多，但是，全球资本主义的意识形态已经非常普及，这些昔日的国家主人难以表示强烈反对。当然，中国也存在许多罢工和劳工抗议，但它们只是针对当地问题的孤立案例，政府也绝不会给予它们任何进一步发展的机会。

与此同时，中国的农民还在享受着一定程度的国家保护，没有充分感受到国际竞争的压力。在中国加入世贸组织时，许多观察家都为中国低效率、小规模农户的命运感到担忧。但是在过去的数年中，政府出台了一系列政策增加农民收入，有前面提到过的取消农业税，有国家的价格补贴政策等。最危险的预言到目前为止还没有变成现实，但小块土地的家庭式耕种的根本结构性问题依然存在。

相比较而言，农民毫无疑问是改革过程中利益失去最多的群体。城乡差距在急剧拉大，农民的社会地位也非常低。但是，在农民自己看来，情况并没有那样糟。根据过去数年来与农民的交流，我们认识到，与工人非常相似，许多农民在看到当地一些家庭先富起来以后，把贫穷的原因归结到自己身上，而不是体制上。虽然在许多地区也存在着普遍的不满和众多抗议，但跟工人罢工一样，他们主要针对当地政府官员和当地问题，而不是更高层次的政策。

在本文前面提到的改善社会服务计划，可以看作是中国政府为缓解融入全球资本主义给工人和农民中的脆弱群体带来的问题所作的努力。尽管现在来衡量改革的效果还为时尚早，但是，这些计划的出台明显表明了政府加大对非精英阶层关注的意向。

10.4 政治协商

中国的对外开放政策不仅是资本、货物和劳动力流动的增加，各种政治观点和不同的文化也以各种方式进入中国，尤其是通过像互联网这样的电子渠道。用邓小平的话说，不让苍蝇进来是不可能的。几乎所有重要的现代的、古典的政治思想家的著作都有了中文译本，很多人开始关注世界各地的政治发展，特别是中国台湾、日本和美国的选举。人们激烈地争论中国内地发展民主的必要性。为了保证党执政的合法性，需要创建一种能够让普通民众表达自身社会经济诉求的参政模式，但同时又要坚决避免这种模式向民主多党制方向迈进。

最著名的改革就是在基层进行村委会和村干部的直接选举。许多西方学者认为，就引进民主程序而言，这个尝试是个很大的进步，但不会带来权力行使方面本质的变化。城镇地区也引入了类似的基层选举，但是不如在农村成功，原因是居委会对当地民众生活的影响没有村委会影响那么大，这也意味着他们只能代表有限的公众利益。曾经有过一些乡镇级别的直接选举提议，但它们都被中央否决了。扩大党内民主成为了普选的替代品，赋予党员在选举党委书记和党代会代表方面更大的权利。这样的过程比换届选举更容易控制，而且党员在政治上更加成熟，因而在党内推行民主更适合。

但是，对保证党执政的合法性而言，普通民众的参与十分关键。在政治决策磋商机制上，党进行了几个不同类型的实验。舆论调查成了许多地方领导人非常喜欢的一种方式，这种方式可以告知官员在不尊重多数意见时老百姓的想法。一些地方政府采取了让普通百姓评价政府官员政绩的举措，这种方法可以把不受欢迎和不称职的官员赶出政府，避免他们对共产党的公众形象产生不良影响。

最激进的民主尝试，发生在浙江省温岭市。在"协商民主"的口号下，温岭市政府举办了一些民主恳谈，来决定基建工程的优先次序和年度预算的花费问题。恳谈会的代表都是随机选取的乡镇或农村的居民。在基建工程的优先次序上，首先由专家列举各项工程的利弊，参会者可以向专家提问，在最终投票前可以进行内部讨论。在年度预算问题上，虽然根据国家法律规定，最终决定权还在当地人大手中，但是经当地媒体报道之后，人大代表们也不会无视恳谈会上代表们所作出的决议[①]。所有这些改革有共同的特点，就是在不削弱党的最终决定权的前提下给予民众表达权，把群众的意见反映给政府官员。其他地方也有自己"本土"的民主程序实验，比如最近深圳提出了一

① 关于中国协商民主的讨论详见：Leib and He 2006。

种的将政治权力分散，类似于“三权分立”的政治体制。

然而应当注意的是，这些制度还处于实验阶段。大多数政治决策并没有与当地百姓协商，同时国家层面的协商方式发展还很难预测。无论如何，一个新模式的轮廓已隐约可见，它不是议会民主制度，但至少会比现在的体制更多的考虑了公众的意见。

11. 结 论

提前参与全球化的好处是，可以在风暴到来之前做好准备——进行调查研究，制定应对措施，让研究机构分析全球化发展趋势，并为领导决策提供政策选择。中国有许多政策研究机构和研究报告，这可以部分解释为什么中国领导人没有把全球化看作威胁，或求助于短期方式解决问题。中国政府投入了巨大精力，使社会舆论对全球化采取了积极态度。这个政策之所以能够实施，得益于中国不存在那些希望利用全球化问题获益的反对党。

西方人认为缺乏民主是中国与众不同的一点。经济合作与发展组织（OECD）国家普遍存在一种信念：没有民主，就没有经济的增长和技术创新的延续。但在中国，这种信念却并未证实。30多年来，中国的经济一直在高速增长。一个可能的解释是，所有的事物都是在不断变化，但是最终民主会汇集，表达社会的不满，迫使领导阶层在制度上做出变革，这为民主的产生了提供可能。中国民主的最后形态不得而知，至少不能期望其发展为西方模式。

那么，中国会不会如本章开头描述的那样发展呢？毫无疑问，中国很适合发展型国家和竞争型国家模式，保持强大的政府角色、重要的政府部门，由像国家发展和改革委员会这样的领航式机构设定长期目标。这个趋势通过凯恩斯主义在中国的重启而加强。政府力图借此降低全球经济危机对中国经济的损害，不过现在看来，中国快速恢复的经济反而帮助了其他国家走出危机。

“软制衡”和“地缘经济”需要被一种新的、多层次的国际制度代替。与以往等级制度不同，所有互动都要经过权力中心，全球化的信息技术开创了一种包含众多权力节点和各种交流方式的新机制，类似于互联网的建立，中国、印度、巴西、俄罗斯和南非这样地区性大国的重要性与日俱增。现行制度是非等级性的，尽管仍然是不对等的，但支配和霸权不再是可行的战略，而将逐渐被软实力和劝导所取代。与此相对应，中国做出了自己的战略选择，通过合作而不是通过支配来保证全球安全。此种外交战略不仅在全球层面，在地区层面上尤其取得了成功。这是由于中国接受了大量的约束的结果，尽管这种“预先承诺”限制了国家将来的选择。反过来，由于从当前的国际安排中获益良多，中国转而支持国际制度、多边主义和国际法。

但这也意味着，威斯特伐利亚式的绝对主权观念必须进行修改。中国观察了世界多数国家的主权特点后，对主权问题开始采取灵活策略。正如我们在多边协商和亚洲区域一体化中所看到的那样，主权在一定程度上是可以协商的。有人预言，中国会成为一个强大的国家，一个负责任的国家，会积极参与国际问题的解决。毫无疑问，中国会继续沿着这条路走下去。

正是因为经济非常开放，中国以各种各样的方式对世界产生影响。首先，它可以促进世界经济发展，作为替代美国经济的火车头，帮助减少贫穷和由此带来的不稳定。在2009年上半年，中国的经济增长率达到7.9%，全年的增长率预计可达到8%，对世界经济走出衰退起了很大帮助。中国手中还持有大量的外汇储备，使中国成为一个巨大的债权国、投资国、采购国和发展援助国。中国大量参与了全球事务，和与全球千丝万缕的联系也增加了中国和平崛起的可能性。增长和财富是中国的核心目标，因此进入国际市场十分重要。鉴于国际联系的多元化和中国巨大的经济规模，使其有能力保持一支军事力量，以保证自己市场和原材料的进口。其实，即使是在全球拥有780个军事基地，和每年10倍于中国国防预的美国，要完全保证全球市场的安全，也非常困难。

人们称之为“金砖国家”（巴西、俄罗斯、印度、中国是四个主要成员）的经济体组成一个集团是非常可能的。为减缓世界的紧张局势，多边体系模式需要持续的发展，在与其他节点的互动中，金砖国家的重要性不断体现，而美国和欧盟可以成为这些节点。无论是否存在中美组成的“G2”，在国家联系的多节点体系中，金砖国家的影响力都会由于其自身实力和地区大国的共同利益而与日俱增。金砖国家作为一个群体或一个现象，都是变革的重要动力。正如布兰特利·沃麦克强调的，挑战美国单极霸权的不是中国，而是整个多边体系，而中国只是其中一个代表，金砖国家仅仅是先头部队。

参考文献

1. Bell, Daniel A. (2008) China's New Confucianism: Politics and Everyday Life in a Changing Society. Princeton, N.J.: Princeton University Press.

2. Bhattacharya, Abanti (2008) "Interpreting the Chinese Discourse on State in the Era of Globalization", Strategic Analysis 32(4): 583-603.

3. Blecher, Marc J. (2002) "Hegemony and Workers' Politics in China", China Quarterly, 170: 283-303.

4. Bowring, Philip (2008) "China Can't Help", International Herald Tribune, 25 November 2008.

5. Carlson, Allen (2005) Unifying China, Integrating With the World. Securing Chinese Sovereignty in the Reform Era. Stanford: Stanford University Press.

6. Cerny, Philip (1997) "Paradoxes Of The Competition State: The Dynamics Of Political Globalization", Government and Opposition, 32(1): 251-274.

7. Chan, Anita (2003) "A 'Race to the Bottom'. Globalization and China's Labour Standards", China Perspectives, 46: 41-49.

8. Dickson, Bruce J. (2007) "Integrating Wealth and Power in China: The Communist Party's Embrace of the Private Sector", China Quarterly, 192:827-854.

9. Evans, Peter (1995) Embedded Autonomy: States and Social Transformation. Princeton, N.J. Princeton University Press.

10. Fu, Hualing and Richard Cullen (2008) "Weiquan (Rights Protection) Lawyering in an Authoritarian State: Building a Culture of Public-interest Lawyering",China Journal, 59: 111-127.

11. Garrett, Banning (2001) "China Faces, Debates the Contradictions of Globalization", Asian Survey 41(3): 409-427.

12. Gu, Yuanyang (1998) "Jingji quanqiuhua yu 'youxi guize'" (Economic Globalization and the "Rules of the Game"), People's Daily, June 10.

13. Huang Nansen (1999) "'Rendaozhuyi ganshe' de shizhi" (The True Character of "Humanitarian Intervention"), People's Daily, June 3.

14. Johnson, Chalmers (2009) "How To Deal With America's Empire Of Bases", available at www.countercurrents.org/johnson020709.htm.

15. Johnston, Alastair (2009) Social States. China in International Institutions 1980-2000. Princeton, N.J. Princeton University Press.

16. Knight, Nick (2008) Imagining Globalization in China. Debates on Ideology, Politics and Culture. Cheltenham: Edward Elgar.

17. Lampton, David (ed.) (2001) The Making of Chinese Foreign and Security Policy in the Era of Reform 1978-2000. Stanford: Stanford University Press.

18. Leib, Ethan and Baogang He (2006) The Search for Deliberative Democracy in China. New York: Palgrave.

19. Li, Tieying (1996) "Zouxiang 21 shiji de Zhongguo yu shijie jingji de fazhan" (China on its Way to the 21st Century and Global Economic Development), People's Daily, November 15.

20. Liu, Minquan, Luodan Xu and Liu Liu (2003), "Labor Standards and FDI in China. Some Survey Findings", in Rana Hasan and Devashish Mitra, eds.

21. The Impact of Trade on Labor. Issues, Perspectives, and Experiences from Developing Areas. Amsterdam: Elsevier.

22. Naughton, Barry (2007) The Chinese Economy. Cambridge: MIT Press. Nolan, Peter (2001) China and the Global Economy. London: Palgrave.

23. O'Brien, Kevin J. and Rongbin Han (2009) "Path to Democracy? Assessing village elections in China", Journal of Contemporary China, 18(60): 359-378.

24. Østergaard, Clemens S. (1995) "Economic Transformation In China. The Role Of State Vs Market", pp. 183-202 in Laurids L. Lauridsen (red.), Institutions and Industrial Development: Asian Experiences. Roskilde: International Development Studies.

25. Østergaard, Clemens S. (2008). Kinas Eksperimenter. Reformer og Stormagtstatus? (China's Experiments. Reforms and Great-power status?) København: Columbus (2. ed.).

26. Prakash, Aseem and Jeffrey A. Hart (ed.) (2000a) Coping with Globalization. London: Routledge.

27. Prakash, Aseem and Jeffrey A. Hart (ed.) (2000b) Responding to Globalization. London: Routledge.

28. Shambaugh, David (2008) China's Communist Party. Atrophy and Adaptation. Berkeley: University of California Press.

29. Shen, Zongling (1999) "Ping 'falü quanqiuhua' lilun" (On the theory of legal globalization, People's Daily. December 11.

30. Shirk, Susan L. (1993) The Political Logic of Economic Reform in China. Berkeley:University of California Press.

31. Sorensen, Georg (2001) Changes in Statehood. The transformation of International Relations. London, Palgrave Thøgersen, Stig, Jørgen Elklit and Lisheng Dong (2008), "Consultative Elections of Chinese Township Leaders: The Case of an Experiment in Ya'an, Sichuan", China Information, 22(1): 67-89.

32. Wade, Robert (1990) Governing the Market: Econonmic Tehory and the Role of Government in East Asian Industrialization. Princeton N.J.:Princeton University Press.

33. Wank, David L. (1999) Commodifying Communism. Business, Trust, and Politics in a Chinese City. Cambridge: Cambridge University Press.

34. Womack, Brantly (2009) "China between Region and World", The China Journal, 61: 1-22.

35. Yang, Dali L. (2004) Remaking The Chinese Leviathan. Market Transition And The Politics Of Governance. Stanford: Stanford University Press.

36. Yu Keping, (2004) From The Discourse Of "Sino-west" To Globalisation: Chinese.

37. Perspectives On Globalisation. McMaster University: Working Paper Series GHC 04/1.

38. Yu Keping (2008) "The Developmental Logic of Chinese Culture under Modernization and Globalization", Boundary 2. 35(2): 157-182.

39. Yu, Keping (2009) Democracy is a good thing. Washington: The Brookings

Institution.

40. Zhang, Jianjun (2007) "Business Associations in China: Two Regional Experiences", Journal of Contemporary Asia, 37(2): 209-231.

第8章　中国共产党为何能在“大变革”时代维持其领导地位

1. 导　言

中国共产党1921年7月1日在上海建立时只有13个创始人。经过28年的思想斗争、政治斗争和军事斗争，中国共产党最终于1949年建立了中华人民共和国。现在中国共产党已成为拥有超过7300万成员的世界最大的政治组织。

中国共产党不仅在战争时期的数次危机中存活下来，中华人民共和国建立后，其作为执政党的政治合法性又在三次大的危机中生存下来。

第一次危机是历经十年的“文化大革命”（1966—1976年）。在这次危机中，政治与经济中的激进主义和社会混乱蔓延到中国社会的广大区域，并最终导致整个国家陷入内乱的边缘。就在这次危机之前，这个国家已经历了数次群众运动，如20世纪50年代的“大跃进”和“反右”运动。

第二次危机始于1978年的市场化改革。这次改革把经济增长和生产力的提高作为中国发展的主要目标，它侵蚀了中国共产党在政治话语权上的垄断地位。中国共产党以经济快速增长为首要价值的意志弱化了传统的社会凝聚力，并在政府的亲市场政策与民众的社会主义信念之间产生了紧张。关注工人权利、共同富裕和国家所有制的社会主义与强调市场理性、压制工会、瓦解农业集体主义、废除国有制企业的改革政策产生了不协调。难以制约的官员腐败以及周期发作的高通货膨胀与大量失业说明了社会主义意识形态与经济现实之间的脱离。一种广泛流传的预言是，中国共产党的政治合法性最终将与它的经济逻辑的后果产生矛盾。甚至一些人声称和预见中国正在走向崩溃。

第三次危机出现在1989年6月4日的天安门广场事件以后。这次危机使一些主流政治家和舆论引导者都预言中国共产党很快就要失去执政地位。有人预言中国共产党统治将以东欧国家那样的方式瓦解。

然而，与上述预言相反，我们今天看到的恰恰是相反的情形：中国显著的经济成就，获得了世界性的承认。现在，中国是世界上增长最快的经济体之一，并在国际制造业和金融领域发挥着重大作用。从1979年到2007年，中国的实际国内生产总值以年均超过9%的速度增长。世界银行的数据表明，在过去的二十年中，中国对世界经济增长的贡献已是第二位，中国对全球贸易增长的贡献率已位列世界三甲。中国引进的外资超过了除美国以外的其他国家。不容置疑的是，中国正在成为地区和全球经济增长的引擎。

面对2008年以来持续的全球金融危机，美国和欧盟都希望中国这个拥有2万亿美元的世界最大外汇储备国能够担负起自己的责任。全球性的金融危机明显地强化了中国在国际金融体制改革和全球金融体系重建中的作用。

更重要的是，近来《全球态度调查项目》按照国别对世界各国公众态度进行的一系列调查表明，超过80%的中国人对于2008年中国的发展和经济状况都非常满意（见图表8.1）。大多数中国人对于他们生活中的许多方面都比较满意，其中包括他们的家庭生活、收入和工作。随着改革和经济增长而来的是中国对自由市场更高程度的接纳和现代化的生活（见图表8.1）。但人们对于腐败、不平等、通货膨胀、环境恶化、社会福利和医疗保健也表达了特别的关切。

上述表明经济成就和生活水平的日益提高弱化了人们对于政治自由的需要，并为党和国家创造了一种新的政治合法性，甚至中国政府的威信也开始建立在经济发展成果上，这就使得它的政治合法性极易受到经济衰退的影响。

对于中国共产党在其历史上数次渡过危机并恢复它的政治合法性这个现象有着各种不同的解释。一些持非政治观点的人指出这样一个历史和文化事实，那就是在长期的帝国统治中，公民社会的缺失以及政治反对派的缺乏使得政党威权主义和强人统治成为可能。

本章意图在于为理解三次危机的历史和社会背景以及中国共产党适应变

图表8.1　中国公众态度

中国人对他们的生活与国家的满意度（%）					中国人对市场经济和现代生活的接纳度（%）			
	2002	2008	变化率	全球名次				
对他们国家的评价：								
对国家的方向	48	86	+38	#1	市场经济		现代生活	
经济是好的	52	82	+30	#1				
对他们生活的评价：					同意	不同意	喜欢	不喜欢
家庭生活：								
很满意	13	14	+1		70	28	71	25
一般	69	67	−2					
总数	82	81	−1	#29				
工作：								
很满意	6	4	−2					
一般	57	60	+3					
总数	63	64	+1	#34				
家庭收入：								
很满意	3	4	+1					
一般	48	54	+6					
总数	51	58	+7	#32				

化中的国内和国际政治与经济环境的卓越能力提供一个分析框架。本文试图说明上文提及的三次危机的社会背景，并阐述中国共产党是如何能够在三次危机后维持它的政治合法性的。“后毛时代”的中国市场改革以及中国共产党取得的新型的合法性与统治权印证了葛兰西统治权理论的某些方面，即“后毛时代”的中国共产党领导通过一个“消极革命”（“passive revolution”）[①]

① 这是葛兰西在表述国家阶级政治时通常使用的一个术语。一方面，国家统治权被控制在领导群体之中，另一方面，经济、社会、政治和意识形态在发生着变化。他最早的概念是这样的：官僚阶层通过必要的妥协和改革使社会重组从而能够应对社会经济和社会政治危机，重建和维持自己的霸权。

的方式进行了自我调整，并通过整合多种利益，以及在可能引发广泛结构变革的不同竞争性集团压力之间保持中立，来重建“历史集团”（“historic bloc”）①，从而实现了新的统治权。

2. 中国共产党制度上的“消极革命”

审视中国共产党所经历的这几次危机及其历史和社会背景，有助于我们理解“后毛时代”中国发展的演进，无论是政治、经济还是文化的发展，都不可避免地以这种方式或那种方式，同起源于早期危机特别是“文化大革命”的历史和社会基础发生关联。

在这样的情形下，危机暗示了重新组织社会的必要性。换句话说，建立秩序的突破点并不依赖于旧秩序的完全崩溃，它更依赖于统治者或统治者与别的群体之间的联合体所推动或施加的社会重组。通过消极革命能够实现社会的重组，尽管在这个过程中会出现危机，但现有秩序能够通过消解社会矛盾而得以维持，这些矛盾不是需要解决，而是要包含于或转换成新的社会关系形式。

因此，为了应对由“文化大革命”引发的社会危机，中国共产党开启了经济的市场化过程，这反过来又改变了中国共产党的社会基础。在撒弥凯特（Sausmikat）看来，中国共产党必须通过意识形态的调整和党内改革来使其新的合法性不断地重建。在本章中，对于中国共产党度过上面提到的三次危机而维持住控制权与合法性可以从另外两个视角来分析：（1）意识形态和理论的适应性；（2）政党吸纳与统合主义。

2.1 中国化能力和构造性权力

中国化的含义是将外来观念转化成中国人易于接受的方式或者根据中国人的理解加以修改。政党这一概念对于中国来说是外来词汇，中国共产党首

① 这个概念与统治集团的能力有关，这个统治集团能够超越自身狭隘的利益，去施加一个道德与智识的领导，与社会的不同力量在一定限度内达成妥协。如此一个广泛的社会力量的联合体被葛兰西称之为“历史集团”。

先而且主要是中国文化的产物，它的孕育和西方政党是迥然不同的。

在20世纪早期中国建立的时代，各种国外思想学说传入中国，例如立宪主义、实证主义、马列主义、社会主义、自由主义、达尔文主义等。毛泽东领导的中国共产党通过对“阶级”一词娴熟的重新定义使中国共产主义运动和阶级政治的运用中国化。[①] 例如，毛主义者的“农村包围城市”的革命方略把中国革命转换成农民起义。“文化大革命”可被看作是中国化的社会主义革命，它要把中国建成反对苏联的世界社会主义革命的中心，而苏联被描绘成为一个修正主义和资本主义夹杂着霸权野心的国家。苏联共产党的修正主义者强调生产力发展，中国“文化大革命”的意识形态强调上层建筑的革命化、生产关系的变革、社会主义社会持续的阶级斗争和永久革命，这些都是为了阻止中国社会“向资本主义发展”。中国化因素已成为中国革命和后革命时代的一个关键要素。

2.2 政治话语和社会变革

中国共产党中国化能力的一个独一无二的特征就是它的构造性权力。“构造性”权力意味着定义和重新定义观念、概念、话语和带有政治暗示的修辞的能力。既然社会变革的本质在于观念的变革，而观念的变革又属于构造的范畴，所以，构造性权力对社会变革产生强烈的影响。中国共产党的构造性权力毫无疑问反映了它的意识形态和制度上的适应性，因为政治话语不仅仅是表达观点的一种方式，而且还是使这种方式的变革合法化的一个武器。中国共产党相信，以一种特殊的方式构造和理解能够导致制度或社会整体的实际变革。

中国共产党非常明白政治话语权与社会变革的联系，因为政治话语对中国共产党革命的胜利发挥了重要作用。在过去三十年的经济改革中，中国共产党的中国化能力和构造性权力再一次发挥了它的作用。正因为理解认知/意识（语言、概念和观点）与社会变革（政治的、经济的和政策的）之间的关联是通过那种在社会政治语境下植入明显含义和暗示的语言（主张、表达和

① 毛泽东意识到数以百万计的农民能够成为革命军队的组成部分，并在伟大的社会政治变革中取代工人阶级的地位。中国革命实际上是农民革命而非工人革命。

说明）的构造建立起来的这一事实，中国共产党特意设计和创建了一套特别的解释，旨在使政治和意识形态的修正主义合法化，并以此来捍卫改革者制定的社会经济政策的正当性。

正是理解到推动与社会主义政治合法性遗产没有明显关联的市场资本主义的重要性，中国共产党已正在为建立一个尴尬的但却务实的由社会主义认同和市场力量组成的混合体而奋斗。如此一个混合体有着许多称呼，这些称呼被用来说明理论的精美和意识形态的正当性，例如，“社会主义市场经济”、“中国特色的市场经济”和“儒商”，这些称呼在政治上和经济上是矛盾的，但在意识形态和理论上对于新的现实却实用。一些中国化的评价标准被提出来，例如“坚持社会主义的首要地位”、“共产党的绝对领导”、“马克思主义原理中国化”等。这些理性化的信条并不仅仅是宣传口号，它们对于中国共产党在应对由市场资本主义带来的巨大变化中维护持续的合法性是非常必要的。

一个具体的例子是，为了证明以资本统治和工人阶级受剥削的市场经济在意识形态上的正当性，中国共产党发明了一个具有理论正当性的术语“社会主义初级阶段”（比把它称作“资本主义的原始积累阶段”更好听）。它表明了中国共产党试图从之前的马克思主义中国化的概念上退却而转向马克思和恩格斯的原初教诲，在马克思和恩格斯看来，社会主义只有在高度发达的工业资本主义的基础上才能发展起来。中国共产党声称，真正的马克思主义的社会主义理论曾设想，实现社会主义必须具备基本的先决条件中就包括艰难的工业化过程。

中国共产党现在宣称，中国仍处于前社会主义向社会主义转变期以及正在弥补被错过的资本主义积累的阶段。在新的解释的基础上，中国共产党声称，以后革命时代中国的生产力水平论，中国社会主义的失败应归因于向更高级的社会主义生产关系的转变速度太快，没有资本积累阶段，中国无法实现社会主义目标。

中国化和构造性为中国共产党塑造了形象和提供了工具：它是一种实施政治措施以提高政府效率而非政治改革的形象；它是促进经济改革目标的一种工具，但不是促进以分权制衡和普选为基本特征的西方式民主的工具。政治改革被限定在狭窄的概念范畴中，它仅与提高政府效率和资源流动性的举措有关，这些举措是为了让经济改革顺利前进。在中国共产党看来，苏联的崩溃是由于长时期的经济停滞以及错误领导的政治改革所致，这次改革错误地把政治改革放到经济改革的前面。

2.3 吸纳与统合主义

自从1989年6月4日的危机之后，中国共产党一直在为寻找应对诸多对党自身挑战的策略而努力：在不动摇中国共产党统治体系的前提下如何使国家经济自由化？为了适应新的生产关系如何对党进行变革和吸纳新成员？如何平衡适应新的社会、政治、经济环境的需要与维护党的基本原则和传统的需要？中国共产党的一个关键策略是吸纳与统合主义，它能够使中国共产党与社会相互适应。

吸纳意味着新成员的积极补充以及与新出现组织的新联系，它的主要目标是市场化过程中出现的新精英，比如企业家和技术专家，这些人能为党组织带来新思想与新目标。中国共产党意识到保持自身权力和经济利益的唯一方式是使党掌握统治性的生产力，这样就可以通过市场经济下的新的阶级关系而能够持续地统治。打碎社会主义经济而代之以市场机制，尽管在政治上有些冒险，但它能够使中国共产党不仅成为新生产方式的实际掌握者，还成为新经济体的管理者。通过这种方式他们能够利用政治权力将官僚特权转变成经济利益。与此同时，他们因要“维护社会稳定”而非进行自上而下的政治改革，因为这种改革将挑战中国共产党的特权地位。

统合主义在中国的语境下是隐藏在所谓“社会主义市场经济”背后的中心特征。在社会主义市场经济中，中国已从社会主义计划经济和公有制转变成包含大量私有制成分的混合市场经济，经济上的这种结构已移植到它赖以生长的党国体制中。中国的国家统合主义能最好地解释，在中国社会经济和社会政治变迁中通过决定权的市场化和公共机构的商品化而呈现的移植特征。一方面，统合主义在没有使经济和社会陷入危机的情况下，促进了国家职能和公共资源的市场化和分散化；另一方面，统合主义又保留了国家与市场之间“统合关系”中的关键要素，从来带来了经济的持续增长。

2.4 阶级政治

中国共产党统治权的核心部分之一是对阶级政治的有效运用。自从阶级作为一个社会经济范畴伴随着马克思主义被引进到中国现代革命中，它就成为一个与政治有关的概念。它在中国共产党后革命时代的党内一系列的政治斗争中起到了核心作用。经济改革之前，阶级的概念不是根据经典马克思主义的原则来界定的（不是根据所有权），而是根据在政治运动和经济运动中所采用的动员群众参与的政治准则来界定的。

中国共产党现在宣称，它在社会主义时期的很多方面将社会的复杂性给过分简单化了，原因在于将不同层面的社会关系都归纳为阶级斗争这一单一尺度。尽管在武装革命时期阶级分析法在简化政治斗争和分析社会关系中是一个有效的政治武器，但在革命后的中国仍将复杂的社会关系给予简单化的处理就有问题了。

由于把经济现代化作为首要目标，中国共产党现在不得不放弃阶级斗争传统，并在用于处理国内事务和国际事务的官方意识形态中抛弃了阶级话语。吸纳与统合主义的主要目标是将中国共产党变成包容性而非排他性的，并重新界定许多变化了的社会关系以证明中国共产党的吸纳政策在政治上和意识形态上的正当性。一个可以证明上述事实的主要根据是，中国共产党代表新出现的各种社会群体尤其是新富们的利益。

中国共产党发现，将某些权力从官僚手中转移到技术化和专业化的专家手中（从“红”到“专”）[①] 对于解放生产力是有必要的。自从中国共产党提出改革话语——“科学技术是第一生产力”（不再是工人阶级），它就表明了一个事实，对于中国现代化目标来说，新的技术——管理阶级正在成为生产力的引导者。这些新阶级是由那些在“文化大革命”中被称为“红色官僚”、“阶级敌人”和“反革命分子”的同一批人组成。今天，通过准许私有制存在的新生产关系，他们正在变成红色官僚。他们服务于经济发展和市场经济，但对党和社会主义的忠诚是值得怀疑的。他们拥有党的领导人完成新政策所需要的专业本领。他们能够使党恢复活力，同时也可能导致一些不稳定倾向，比如党员中日益增长的腐败和不端行为。颇为吊诡的是，社会主义时期的中国充斥着阶级政治但无真正的阶级划分，改革开放时期的中国有着明确的阶

① 在1966—1976年的“文化大革命”期间，“红”意味着政治态度和阶级意识，“专”代表着知识、经验和技术。对于技术专家来说，最重要的事情在于要将正确的政治态度放在首位。换句话说，“红”和“专”两者必须相结合，但重点是前者。

级划分，但阶级政治却成了禁忌。

现在的状况是讽刺性的：资产阶级在今天比在过去更强大、更富有。为了保护自身的利益，他们对于政治承认和政府权力有了更多的需求。除了创建自己的社团外，一大批私人资本家已经进入各类和各级政治代表机构，比如人民代表大会和政治协商会议。这增强了党与市场的统合，它也解释了中国为什么能够保证政策的连续性。

现在中国共产党已不需要用“高压”方式来控制社会。新近吸纳的党员在党和其他社会组织之间起着联络作用，同时，他们也是这些组织中的关键角色。新的利益群体成员的加入使中国共产党成为竞争性利益集团的仲裁者，起着协调利益冲突和缓解利益矛盾的作用。因此，与新的组织的联系在信息接收、使社会冲突非政治化和多样化以及强化政府与市场的相互依附方面给中国共产党带来了很多好处。

3. 结 论

中国共产党在过去三十年的经济改革中的变革与适应性已经证明了它继续维持统治权力的能力与弹性。中国共产党已设法使自己在由经济自由化过程带来的变革中扮演一个主动的角色——首创者、计划者、组织者和实施者。中国共产党的弹性特点表明，只要其在中国的社会经济变革中能够自我变革与调整，它统治国家和社会的基本的政治结构就不会根本改变。

因此，可以肯定的是，中国共产党在循环性的危机中维持社会和政治稳定的能力是当代中国政治文化的最显著的特征之一。为了在不打乱市场机制的情况下维持自身的权力与合法性，中国共产党已通过持续的“消极革命”过程进行了自我调整，旨在通过“历史集团”的重建获取维持统治权的新资源。今天，中国共产党作为社会稳定的关键力量不但为自身所主张，而且获得了广泛的社会认同。中国共产党适应性的行为可以被视作系统性的行为，也就是说，中国共产党试图通过改变自身的组织与行为以适应变化了的环境，并通过经济改革带来的经济效率与威权统治带来的社会稳定，强化了其生存能力。

本章试图说明，把中国共产党的一系列行为作为中国崛起的关键因素之一来分析是非常重要的。但是，如果把形成危机的历史和社会矛盾以及中国共产党对新出现矛盾的回应排除在外，它就不能对中国的政治和经济发展给予完整的解释。在改革时期，中国共产党的社会基础和社会利益的形式都发生变化。经济增长和社会稳定首先与社会中权力关系形式的变化有关，这种变化反映在由中国共产党的实际作为体现和促进的利益关系中。因此，必须用社会矛盾分析补充对中国共产党一系列行为的分析。

历史表明，中国共产党已展现出吸收外来观念并使其中国化的能力，比如佛教的中国化与马列主义的中国化。现在，中国共产党试图使资本主义中国化，创造出了“中国特色的市场经济”概念。中国共产党究竟在多大程度上愿意为深化经济体制改革而推进政治体制改革？要找到正确的答案是非常困难的。但是，一个开放性的答案是，既然中国共产党能够创造“中国特色的市场资本主义”，那么它也能创造具有显著中国特色的政治经济。

参考文献

1. Chang, Gordon G. (2001) The Coming Collapse of China. New York: Random House.

2. Chen, Feng (1999) “An Unfinished Battle In China: The Leftist Criticism Of The Reform And The Third Thought Emancipation”, The China Quarterly, 158: 447-467.

3. Han, Sunsheng and Pannell, Clifton W. (1999) “The Geography of Privatization In China, 1978-1996”, Economic Geography, 75(3): 272-296.

4. He Qinglian (1998) Xiandaihua de xianjing, Beijing: Jinri Zhongguo Chubanshe.(available in a German translation by Christine Reisner as: Qinglian He (2006)China in der Modernisierungsfalle. Hamburger Edition)

5. Li, Xing (2001) “The Chinese Cultural Revolution Revisited”, The China Review,1(1): 137-165.

6. Li, Xing (2004) “From ‘Politics in Command’ to ‘Economics in Command’: A Discourse Analysis of China’s Transformation, Copenhagen Journal of Asian

Studies, 18: 65-87.

7. Li, Xing (2008) "Market Capitalism with Chinese Characteristics", Kritisk Debat,44.

8. Klein, Naomi (2007) The Shock Doctrine: The Rise of Disaster Capitalism. London: Allen Lane.

9. Petras, James (1997) "The Chinese cultural revolution in historical perspective",Journal of Contemporary Asia, 27(4): 445-459.

10. Sausmikat, Nora (2006) "More Legitimacy for One-Party Rule? The CCP's Ideological Adjustments and Intra-Party Reforms", ASIEN, 99: 70-91.

11. Sheng, Hong (1996) "A Survey of the Research on the Transitional Process of Market-Oriented Reform in China", Chinese Economic Studies, 29(2): 5-38.

12. Wang, Hui. (2003) China's New Order. Society, Politics, and Economy in Transition. New York: Harvard University Press.

13. Wang, Shaoguang. (1995) Failure of Charisma, New York: Oxford University Press.

14. Wank, David L. (1999) Commodifying Communism Business, Trust and Politics in a Chinese City. Cambridge: Cambridge University Press.

15. Zheng, Yongnian (2009) The Chinese Communist Party as Organizational Emperor: Culture, reproduction, and transformation. London: Routledge.

译后记

有关大国发展与大国崛起问题是国际关系研究领域的一个前沿问题，也是目前世界大国与国际社会高度关注的现实议题。尤其自2008年国际金融危机以来，旧有的世界秩序与国际体系遭到很大的冲击，大国政治被赋予了新的含义，尤其是新兴大国的崛起，更给现有的国际秩序与国际格局带来了不少变数和挑战。中国作为新兴崛起大国的代表，更是国际社会关注的焦点，中国经济社会的发展模式牵动着国际社会的每一根神经，无论是“中国特色的社会主义”，还是所谓的“北京共识”等概念，都反映了国际社会对中国发展模式的关注与重视。中国能否实现和平崛起，关系到世界的命运与大国的命运。近年来，许多西方国家的国际关系学者开始关注新兴大国的崛起问题，开始研究大国发展战略与发展路径问题，尤其是中国的发展及其影响问题，更是他们关注与研究的重点，也取得了许多研究成果，本书就是这方面的一个突出研究成果。

本书的主编——李形教授，是丹麦奥尔堡大学研究国际关系与国家发展问题的著名学者，凭借着多年来对中西方政治经济文化的了解和贯通，他组织了一批对中国崛起问题较有研究的西方学者，编撰了此书，从多个角度为我们描绘了中国崛起的图景。

当然，本书仅是从西方学者的视角看中国的崛起，有些观点难免失之偏颇，甚至谬误，我们应该批判地借鉴，“扬弃”地吸收。

本译稿是国际关系学院“中国与国际关系研究中心”的科研课题之一，“中国与国际关系研究中心”是近年来国际关系学院与丹麦奥尔堡大学合作办学的成果。本课题组得到中央高校基本科研业务费的资助。

参与本书翻译的老师（以姓氏拼音为序）有：储殷（第4章）、林宏宇（导论、第5章）、孟晓旭（第1、3章）、申林（第8章）、王辉（第7章）、吴雪（第2章）、郑晓明（第6章）。另外，国关研究生李天惠、常婧、李紫薇也参与了本书部分内容的翻译工作。全书由林宏宇审校。

陶坚院长百忙之中为本译著作序，为本书增色不少，特此致谢！

林宏宇

2012年7月1日